AF453836

EX-LIBRIS
JEAN TENANT

à Madame Jean Perrant,
amical souvenir de la Verderie
23 Août 1927

René Martineau

Emmanuel **CHABRIER**

Emmanuel CHABRIER

RENÉ MARTINEAU

EMMANUEL CHABRIER

> *Chabrier gai comme les pinsons*
> *Et mélodieux comme les rossignols.*
>
> Paul VERLAINE

DORBON Aîné

53ᵗᵉʳ, Quai des Grands-Augustins

PARIS

à Marcel CHABRIER

1841-1873

**Enfance de Chabrier — Sa vocation — Arrivée à Paris
Premières relations artistiques — Son talent
de pianiste — Employé au Ministère
Son Mariage.**

Alexis-Emmanuel Chabrier naquit le 18 Janvier 1841 à Ambert (Puy-de-Dôme). Il était le fils de Jean Chabrier, avocat au barreau d'Ambert et de Marie-Anne-Evelina Durosay. Le futur compositeur passa les premières années de son enfance dans son pays natal jusqu'en 1853, époque à laquelle il entra au lycée de Clermont-Ferrand. Le début de ses études classiques fut la cause du changement de résidence que sa famille s'imposa,

I

Ambert n'offrant que de faibles ressources pour l'éducation d'un fils.

Dès l'âge de six ans, Chabrier avait commencé le piano avec un Espagnol réfugié, M. Saporta. Ses parents ne le poussèrent en aucune façon vers les études musicales et cependant ses dispositions se manifestèrent de très bonne heure. Lorsque sa mère qui avait une jolie voix, chantait, Emmanuel interrompait ses jeux pour l'écouter ; il retenait facilement la phrase musicale qu'il avait entendue et demandait parfois à sa mère de lui redire une romance qui l'avait particulièrement charmé.

Un jour, il entendit dans le salon de ses parents une amie de sa mère interpréter plus que passablement un morceau de piano et son ravissement fut tel, il l'exprima avec tant de chaleur, que les assistants en furent étonnés.

Ses progrès avec M. Saporta étaient rapides ; après trois ans de leçons, malgré ses mains courtes, il était capable d'exécuter une partie de concerto comme il le fit à Aix-les-Bains où un chef d'orchestre dont on n'a pas gardé le nom, l'avait pris en amitié et lui conseilla de cultiver sérieusement la musique.

Dans ces premières occasions de se produire, le brio et la verve entraînante qui devaient caractériser le génie de Chabrier étaient déjà apparents.

Il est probable qu'il se produisit beaucoup dans les salons d'Ambert dont il faisait l'admiration.

A Clermont il prit des leçons d'un M. Tarnowski, violoniste qui lui donnait des leçons d'accompagnement. Le professeur fut vite enthousiasmé de l'élève et voulait l'entraîner dans les concerts. C'est alors que Jean Chabrier s'effraya du précoce talent musical de son fils.

Le père de Chabrier était un homme distingué, d'allure un peu triste. Il adorait son fils qui paraissait être l'antipode de sa nature.

Emmanuel devait être un jour le type du Parisien accompli. Jean Chabrier au contraire, resta toute sa vie le magistrat d'une petite ville de province, un peu compassé et sans audace.

Il avait fait entrer son fils au lycée de Clermont et voulait qu'il y travaillât sérieusement. Il n'admit pas un instant que l'art vint le détourner de ses études et ne lui permit de continuer ses leçons avec M. Tornoswki qu'à la condition de ne considérer la musique que comme une distraction et un repos.

Emmanuel était énergique et docile, il prit son parti de la décision paternelle, travailla dur et devint un excellent élève. Jean Chabrier ne put lui refuser de poursuivre ses études musicales, forcé qu'il fut de se convaincre qu'elles ne nuiraient en rien aux progrès et aux succès de son fils dans le domaine de l'instruction classique.

Toujours, dans la suite, le père conserva cette même attitude, donnant à son fils tous les moyens de devenir un artiste, pourvu que le fils s'assurât parallèlement une situation bourgeoise.

Un travail acharné fut pour Emmanuel la conséquence des exigences paternelles. Peut-être faut-il voir dans cet excès de travail une des causes du mal qui devait emporter prématurément Emmanuel Chabrier car on ne s'est jamais expliqué complètement certaines bizarreries qui en furent le point de départ.

Mais aussi cette instruction solide ajoutait à son profond instinct musical une érudition littéraire qui fit souvent sa supériorité : « C'est moi, disait-il, le moins illettré des musiciens !»

Ses deux dernières années de collège se passèrent à Paris. Il entra en 1856 à la pension Hortus dont les élèves suivaient les cours du lycée Louis-le-Grand. En 1858 il avait le diplôme de bachelier et commença aussitôt son droit. Il était depuis son arrivée à Paris l'élève d'Edouard Wolf pour le piano et un violoniste-compositeur, Richard Hommer (1), lui donna aussi quelques leçons de violon et d'harmonie.

On a parlé souvent depuis du remarquable talent de pianiste d'Emmanuel Chabrier, trop souvent même car ces éloges lui déplurent à partir du jour où il se livra complètement à la composition. Il voulait que le compositeur et non l'instrumentiste, fût remarqué.

Son habileté de pianiste était, en réalité, énorme. Sa main gauche surtout était étonnante. On s'en aperçoit quelquefois dans ses

____

(1) Richard Hommer est mort au mois de Décembre 1907, à Paris.

compositions spécialement écrites pour le piano où la partie de main gauche est toujours très chargée.

Un passage de *Joyeuse Marche* (transcription pour piano par Alder) contient cette note évidemment dictée par Chabrier : *écraser cet accord avec la paume de la main gauche.* C'était une de ses manières de suppléer à la longueur insuffisante de ses doigts.

Vers cette époque, Chabrier commença, toujours en amateur mais avec un goût passionné, ses études d'harmonie, de fugue et de contre-point d'abord avec Semet, puis avec Aristide Hignard. Semet était ancien prix de Rome et tint pendant de longues années l'emploi de timbalier à l'Opéra ; il a laissé un opéra-comique : *La petite Fadette*, œuvre assez médiocre où il serait difficile de trouver une influence quelconque sur le futur auteur du *Roi malgré lui*. Chabrier travailla davantage avec Aristide Hignard.

Ce dernier était un artiste véritable auquel il n'a manqué qu'un peu d'ambition et de volonté pour se faire une plus grande notoriété. Il a laissé un *Hamlet*, opéra en cinq actes, qui soutiendrait plus qu'avantageusement la comparaison avec celui d'Ambroise Thomas et une quantité de mélodies qui paraîtraient un peu démodées aujourd'hui mais de composition très fine. On peut dire que son influence sur son élève fut heureuse. (1)

Celui-ci qui jusque-là n'avait étudié que le piano était fort ignorant en fait d'harmonie. Il composait pourtant des pièces pour piano qu'il détruisit beaucoup plus tard et on ne peut que le regretter, car ces compositions de sa prime jeunesse furent un exercice excellent et montreraient avec quelle rapidité il s'assimilait les procédés les plus divers.

Chabrier travaillait encore avec Hignard en 1862. Il avait alors vingt-et-un ans, était licencié en droit ; son père le fit entrer comme employé au ministère de l'Intérieur. Emmanuel profita des loisirs que lui laissait cette situation pour étendre ses relations. Ce fut pour lui extrêmement facile grâce à son intarissable gaieté. Ses conversations échevelées accompagnées d'une vive gesticulation, son

----

(1) Les valses d'Aristide Hignard sont dignes d'attention. C'est surtout dans ces valses qu'on peut deviner l'influence d'Hignard sur Chabrier.

rire bruyant furent accueillis avec sympathie dans les milieux artistiques et littéraires. L'homme était bon, extrêmement sensible avec l'exubérance comme marque distinctive de sa nature. Sa bonté et sa sensibilité ne pouvaient se traduire sans éclats. Le caractère de ce génial artiste exigeait qu'il s'épanchât soit dans la discussion, soit en s'adonnant à des fantaisies où il ne parvenait pas à épuiser sa jovialité et sa verve.

« Dans mon pays, disait-il, il n'y a que des brutes tout au plus bonnes à faire des porteurs d'eau ou des gens d'esprit — j'ai choisi. »

Et tout, en effet, lui était une occasion de saillies et de bons mots.

Lorsque ce qu'il avait à dire n'était point fait de réparties, mais le simple récit d'une chose toute naturelle, il avait là encore pour s'exprimer, une bonhomie spirituelle qui mettait la société en joie.

Au physique, Chabrier était plutôt petit. Il avait les bras courts, les jambes courtes, la tête forte avec deux gros yeux à fleur de tête. Son portrait, assis au piano, dans le célèbre tableau de Fantin-Latour (1), est d'une ressemblance parfaite.

Dans l'entresol de l'éditeur Lemerre, passage Choiseul, notre compositeur se lia avec les Parnassiens.

Jean Richepin, José-Maria de Hérédia, Léon Dierx, C. Mendès et Coppée le rencontrèrent également dans le salon de la marquise de Ricard dont le fils était passionné de littérature et présentait à sa mère, ses amis de lettres. Le biographe de Paul Verlaine a raconté comment le Parnasse naquit dans ce salon du boulevard des Batignolles et a dit aussi que Verlaine et Villiers de l'Isle-Adam furent parmi les plus assidus des invités de Madame de Ricard. Ces deux poètes devinrent les amis de Chabrier.

Villiers, admirablement doué au point de vue musical, improvisait sur des poèmes de Baudelaire et en s'inspirant de ses propres poésies, d'étranges romances qu'il chantait en s'accompagnant au piano.

Malgré la voix chevrotante et le timbre

____

(1) Ce tableau appartient à M. A. Jullien, l'éminent critique des « Débats ».

insuffisant du chanteur, il charma souvent ses auditeurs et beaucoup d'entre eux ont regretté que ces improvisations de Villiers de l'Isle-Adam n'aient jamais été notées par un musicien. On a même prétendu que Chabrier s'était refusé à cette besogne. Il n'en est rien. Chabrier, au contraire, donna à Villiers les conseils les plus empressés. Mais Villiers était et resta toujours un bohême et il cultivait par dessus tout, l'inexactitude. Il promit à son ami de lui montrer ses compositions et manqua successivement tous les rendez-vous que Chabrier lui avait donnés.

Ils n'en restèrent pas moins dans de bons termes.

L'exemplaire des *Contes Cruels* que Villiers adressa à Chabrier, contient une dédicace qui reste pour affirmer la qualité de leurs relations :

« *A mon Ami Emmanuel Chabrier,*
« *son apprenti musicien de bonne volonté*
« *et son cordial admirateur,*

« *Villiers de l'Isle-Adam.* »

La liaison de Chabrier avec Verlaine fut plus suivie.

Ses premières ébauches importantes (1) sont deux opérettes en 3 actes, sur des paroles de Paul Verlaine : *Vaucochard et Fils 1ᵉʳ*, qui est de 1863, puis *Fish-ton-kan* dont l'esquisse n'est pas datée, mais qui dut être composée deux ans après Vaucochard.

De la première il n'existe que des morceaux orchestrés, de la seconde qu'une réduction pour piano.

Un musicien, en même temps critique musical, M. Robert Brussel, a publié dans la *Revue d'Art dramatique* une partie de ces fragments qui constituent un document précieux, puisque la fantaisie de Chabrier s'y dessine dans les *formules orchestrales, dans la parodie* et *dans la disposition des chœurs* (2).

De Vaucochard et Fils 1ᵉʳ, voici la

---

(1) Il avait publié antérieurement une *Marche des Cipayes* et un *Impromptu pour piano*. C'est déjà du Chabrier. Dans la *Marche des Cipayes* surtout, il s'annonce comme un auteur amusant. Je connais des pianistes graves qui se dérident involontairement en jouant la *Marche des Cipayes*.

(2) Robert Brussel : *E. Chabrier et le Rire musical.* (Revue d'Art dramatique, n° du 20 octobre 1899).

Chanson de l'Homme armé, telle que Chabrier l'a écrite :

Chanson de l'Homme armé (avec chœurs)

Prosodie voulue — Vers de Verlaine

—

DOUYOUDOU

Cet homme terrible, effroyable,
Epouvantable
Et d'un aspect
Plus que suspect
A bien la binette d'un diable !

VAUCOCHARD

Sois circonspect !

DOUYOUDOU

Il possède crocs, queue et cornes,
Sa barbe où flotte une vapeur
Est d'un sapeur
Et son grand grand sabre est sans bornes !

VAUCOCHARD

Dieux ! que j'ai peur !

DOUYOUDOU

*Sa voix fait un bruit de tempête
Et son regard n'est point capon.
Un gros pompon
Se balance sur sa casquette.*

VAUCOCHARD

C'est bon ! c'est bon !

DOUYOUDOU

*Sa botte dont l'éperon sonne
Porte le trouble et le trépas
Dans les lieux bas.
Enfin, c'est Satan en personne.*

VAUCOCHARD

Parle plus bas !

« Il faut voir, ajoute M. Brussel, le parti que Chabrier a tiré de la répétition du mot *grand* dans *et son grand grand sabre est sans bornes* et du *Dieux que j'ai peur* chanté pianissimo par les chœurs. »

Certains morceaux annoncent les meilleurs de l'*Etoile* et du *Roi malgré lui* où Chabrier, plus en possession de son talent, ne fera que développer certaines idées apparentes dans *Vaucochard* et aussi bien dans les passages de poésie et de tendresse que dans ceux de bouffonnerie.

Fish-ton-han semble avoir été poussé plus avant que *Vaucochard*. Il renferme des pages remarquables de verve, par exemple les couplets de Poussah :

> *J'engraisse*
> *Mon front brille d'allégresse*
> *C'est moi de tous les Poussahs*
> *Le plus gras*
> *Poussah*

> *Tralouïlou, — Tralouïla*
> *Que l'on s'empresse*
> *Tralouïlou, — Tralouïla*
> *Je suis Poussah*

> . . . .

La musique de *Tralouïlou* a servi plus tard de second motif à la *Ronde champêtre* (1). Je n'insiste pas davantage sur ces premiers essais. Ils sont à considérer dans l'œuvre du maître car personne n'a écrit la musique bouffe comme Chabrier. Le plus ou moins d'importance qu'il attachait à cette particu-

----

(1) Robert Brussel.

larité de son talent fit l'objet de discussions entre ses meilleurs amis.

Lorsqu'il s'enthousiasma pour Wagner on disait avec raison que lui seul, Chabrier, était capable de créer un genre de comédie musicale, genre bien français, quelque chose comme les *Maîtres Chanteurs*, mais qui fût plus franchement gai que le chef-d'œuvre de Wagner.

Chabrier au moment de ses débuts ignorait Wagner et les *Maîtres Chanteurs*. Il se contenta de rénover l'opérette dans des œuvres charmantes et hardies.

A propos de *Vaucochard* et *Fish-ton-kan*, il est juste de nommer un troisième collaborateur Lucien Viotti, qui aurait fourni à Chabrier les couplets les plus tendres de ces deux opérettes dont Verlaine se serait réservé la partie la plus fantaisiste.

C'est à Viotti que Verlaine fait allusion dans le très beau sonnet dédié à Chabrier et paru en 1888 dans le volume intitulé *Amour* (1) :

---

(1) Le même sonnet fut publié dans *Dédicaces* en 1890.

Chabrier, nous faisions, un ami cher et moi,
Des paroles pour vous qui leur donniez des ailes,
Et tous trois frémissions quand, pour bénir nos zèles
Passait l'Ecce Deus et le Je ne sais quoi.

Chez ma mère charmante et divinement bonne,
Votre génie improvisait au piano,
Et c'était tout autour comme un brûlant anneau
De sympathie et d'aise aimable qui rayonne.

Hélas ! ma mère est morte et l'ami cher est mort
Et me voici semblable au chrétien près du port,
Qui surveille les tout derniers écueils du monde.

Non toutefois sans saluer à l'horizon,
Comme une voile sur le large au blanc frisson,
Le souvenir des frais instants de paix profonde.

Dans le salon de la marquise de Ricard, Chabrier improvisa un soir une musique grandiose pour le *Pas d'armes du Roi Jean*, de Victor Hugo ; rien ne reste de cette improvisation.

Rien non plus d'un projet d'opéra avec Henry Fouquier. Le titre était: Jean Hunyade.

Chabrier avait trouvé une *histoire des Hunyades* et le sujet lui avait paru riche en situations ; il en parla à Henri Fouquier en lui demandant un livret. . . . .

« C'est encore moi, (1) mon cher — c'est collaborateur que je voudrais dire — je suis allé chez vous, le concierge m'a dit que vous veniez de filer à la campagne ; je n'ai pas cru devoir lui demander où vous étiez allé, mon intention n'étant pas de vous suivre partout pour vous parler du nommé Hunyade. Et pourtant il faudrait s'entendre : je parie que je vous embête dejà avec ma Hongrie. S'il en était ainsi, vous me paraissez assez carré pour ne pas me mâcher l'affreuse vérité, allez-y, j'aurai du courage — non, mais parole d'honneur si vous saviez à quel point je croupis faute d'un livret.

« Résumé : 1° travaillons-nous ensemble ? 2° ne nous embêtons pas mutuellement et sachons sérieusement ce que nous voulons faire.

« A vous,

« *Emmanuel.* »

Fouquier fit un scenario puis deux actes. L'œuvre fut poussée assez avant par Chabrier.

____

(1) Lettre inédite de Chabrier à Henri Fouquier.

Interrompue par les évènements qui suivent, elle fut utilisée par le musicien qui en transporta les fragments dans Gwendoline.

Au mois de Mars 1869, Chabrier vit mourir son père et sa mère à huit jours de distance. Puis ce fut la guerre avec l'Allemagne et le siège du gouvernement transporté àTours d'abord, puis à Bordeaux.

Chabrier suivit le ministère de l'Intérieur et ne fut durant ces tristes mois, qu'un employé très occupé à de très diverses besognes et dans un état d'esprit le disposant fort peu à l'étude.

Rentré à Paris il se remit au travail et ébaucha quelques-unes de ses mélodies. Certaines furent utilisées dans ses opérettes Il y a dans l'*Etoile* une romance (1) qui est restée à peu de chose près ce qu'elle était dans la version primitive, musique et paroles.

Le 27 Décembre 1873 Emmanuel Chabrier épousa Mademoiselle Marie-Alice Dejean. Cette union fut très heureuse. Quelques années après, Chabrier était père de deux

---

(1) *Ah ! ma petite Etoile...*

garçons, Marcel (1) et André dont les noms reviennent souvent dans ses lettres débordantes d'affection. Malheureusement Madame Chabrier fut atteinte un peu plus tard d'une maladie qui la rendit impotente. La constante bonne humeur de Chabrier fut un adoucissement à sa tristesse jusqu'au jour où il tomba malade à son tour.

____

(1) Marcel Chabrier est aujourd'hui homme de lettres et la collaboration Legrand-Chabrier a donné plusieurs romans et des nouvelles très originales de style et d'imagination.

L'Etoile — Une Education manquée — Voyage à Munich
Enthousiasme pour Wagner — Il quitte
le Ministère de l'Intérieur

Le jeune ménage alla habiter rue Mosnier (1) n° 23 et Chabrier organisa chez lui des séances de musique de chambre, réunions pleines d'entrain grâce à l'amabilité et à la gaieté des hôtes.

M. Hugues Imbert, dans ses *Profils de Musiciens*, a consacré quelques pages très exactes à Chabrier et raconté ce que furent les soirées de la rue Mosnier :

« C'étaient Saint-Saens, avec sa gaminerie bien parisienne, sa mémoire musicale

____

(1) Aujourd'hui rue de Berne.

prodigieuse ; Massenet, avec son air repentant de Marie-Magdeleine ; Cooper, des Variétés, avec sa jolie voix de ténorino, imitant dans la perfection son camarade Léonce, et Capoul ; Manet, le chef de l'école impressionniste, le fervent admirateur de Goya et de Velasquez... et tant d'autres que j'oublie.

« Quelles exécutions musicales ! A côté d'œuvres sérieuses telles qu'une sonate de Bach pour flûte et violon, une symphonie de Schumann pour piano à quatre mains, des fragments de *Marie-Magdeleine*, un morceau pour cor de Chabrier exécuté par Garigue avec cette pureté de son qui lui est habituelle, il n'était pas rare d'assister à des représentations de la plus haute fantaisie.

« Saint-Saens se rappelant sans doute ses premières armes dans la *Renaissance litté-raire et artistique*, revue dans laquelle s'épanouissait à certains jours l'*Insenséisme truculent,* chantait et jouait avec une passion délirante, le rôle de Marguerite de *Faust*, de Gounod. Et quels accompagnements ! quel orchestre formidable ! Entre autres instruments il y avait un orgue unique, possédant les jeux les plus bizarres, qui imitaient le bruit du canon, du tambour, etc.

« C'était au printemps ; les fenêtres du petit entre-sol de la rue Mosnier étaient ouvertes à deux battants ; aussi le public s'amassait-il pour ouïr les mélodies qui s'envolaient à tire d'aile. De nombreux applaudissements éclataient ; un soir, un inconnu se détacha de la foule pour prononcer un discours bien senti : « Si j'étais votre propriétaire, je serais si heureux de vous posséder que je vous offrirais gratuitement le logement. » (1)

Chabrier cependant ne considérait encore la musique que comme un passe-temps. Ses idées quant au métier de compositeur n'étaient pas arrêtées.

Il n'appartint jamais à aucune école se laissant aller à ce qui l'amusait sans établir entre les maîtres qu'il préférait des concordances.

Il aimait surtout Bach, Beethoven, Schumann et Berlioz. Ses instincts étaient romantiques mais il n'affirmait en aucune façon, ses goûts, étranger à toute question de mode.

---

(1) Hugues Imbert : *Profils de musiciens*. Paris 1888.

Il était indépendant, *sensitif*, ne se demandant jamais si ce qu'il admirait était moderne ou non, ni de quel pays cela venait. Il ne se demandait pas davantage par quel procédé technique on l'avait ému ni si même la technique était insuffisante — comme parfois dans Gluck qui pourtant le faisait pleurer. Il lui suffisait d'être ému.

L'émotion était d'ailleurs pour lui comme la raison d'être de la musique. Il regardait comme à peu près inutile l'art purement cérébral qui étonne mais n'émeut pas.

Il n'avait aucun mépris pour Meyerbeer jusqu'au jour où il entendit *Tristan et Yseult*. Certains airs du *Prophète* l'avaient particulièrement remué.

Aux auteurs que je viens de citer il convient d'ajouter Offenbach auquel il conserva toujours son admiration. Il l'imita quelquefois et dès ses débuts au théâtre qui se firent avec une opérette. Elle avait pour titre : l'*Etoile ;* le livret était de MM. Leterrier et Vanloo.

Ceux-ci voulaient un jeune compositeur, un inconnu. Ils s'étaient mis dans la tête cette idée de découvrir un artiste.

Ayant rencontré Chabrier chez le peintre Hirsch et Chabrier leur ayant fait entendre, au piano, des mélodies très originales, ils se mirent en rapport avec lui et lui proposèrent l'*Etoile.*

Naturellement Chabrier accepta bien vite et écrivit en très peu de temps une partition dont MM. Leterrier et Vanloo furent enchantés, d'autant plus que contrairement à ce qui se produit en pareil cas, le compositeur se montra fort soumis aux observations de ses auteurs.

Chabrier était peu au courant des nécessités du théâtre. A la première répétition on s'aperçut avec stupéfaction qu'il n'avait pas écrit de partie de piano, se figurant que toutes les études se faisaient avec l'orchestre.

Ne voulant pas occasionner une perte de temps en se livrant à ce travail oublié, Chabrier prit tout simplement la place de l'accompagnateur et tint le piano pendant trois semaines que durèrent les répétitions.

La première représentation eut lieu le 28 Novembre 1877. (1)

____

(1) Aux Bouffes.

Je ne crois pas nécessaire de raconter la fantaisie de MM. Leterrier et Vanloo. Les interprètes furent excellents ; c'étaient Daubray, Jolly, Paola Marié et Berthe Stuart. Les costumes, très réussis, avaient été dessinés par Grévin et Robida. Mais le succès fut particulièrement grand pour le compositeur.

La critique élogieuse retira à Chabrier l'épithète d'amateur qui l'avait jusque là désigné ; il devint à partir de l'*Etoile*, sa première pièce, un professionnel sur lequel on pouvait désormais compter.

Il y a dans cette opérette des pages absolument exquises. La scène du second acte, dite de l'*évanouissement* était en fait de drôlerie, une nouveauté, et le quatuor impayable que Chabrier a placé là restera comme un spécimen de musique bouffe écrite sérieusement.

Le même acte se termine par une plaisanterie énorme : Le roi qui n'a plus que deux jours à vivre dit adieu aux fonctionnaires de sa cour. Ceux-ci chantent :

> *Ça nous est bien égal*
> *Faisons un compliment banal*
> *Ainsi le veut la politesse*
> . . . .
> *C'est un malheur !...*

I

Le succès de fou-rire de ce final était dû
aux combinaisons musicales aussi nouvelles
qu'amusantes dont il est fait.

Et il faudrait citer encore la Chanson des
Employés de commerce et le *Duetto de la
Chartreuse verte* où la bouffonnerie est poussée aussi loin qu'il est possible tout en restant
toujours musicale. Les musiciens de profes-
sion, compositeurs et autres, vinrent tous sans
exception entendre l'*Etoile*. La musique de
Chabrier eut le succès qu'elle méritait auprès
des artistes qui sentirent que quelque chose
de nouveau se révélait avec cette petite pièce,
qu'un compositeur, vraiment original, allait
peut-être créer un genre.

L'*Etoile* fut interrompue à la quarante-
huitième représentation. Pour quelle cause ?
Un des principaux interprètes vint à manquer, a-t-on dit. Il était alors facile de remplacer l'acteur manquant. N'y avait-il pas
plutôt un contrat entre les auteurs et le directeur, lequel contrat devenait très onéreux
pour le directeur à partir de la cinquan-
tième ?

Dans tous les cas les représentations ces-
sèrent et il est inconcevable qu'un directeur

n'ait jamais eu l'idée de reprendre (1) ce petit chef-d'œuvre dont les chances de succès s'augmenteraient aujourd'hui de la sympathie avec laquelle sont accuelllies devant tous les publics, les mélodies de Chabrier.

Cette interruption des représentations de l'*Etoile* navra le compositeur ; il avait parfaitement conscience de la valeur de son œuvre et ne prit pas facilement son parti de la situation qu'on lui faisait lorsqu'une occasion se présenta pour lui de se produire une seconde fois avec une opérette. MM. Leterrier et Vanloo, de plus en plus confiants dans leur musicien, lui proposèrent un second livret : *Une Education manquée.* (2)

Il ne s'agissait cette fois que d'un acte qui fut représenté le 1er Mai 1879 au Cercle de la Presse et obtint un succès égal à celui qu'avait eu l'*Etoile.*

Une Education manquée n'a jamais été reprise depuis et on ne peut que s'en étonner.

---

(1) Quelques représentations de l'*Etoile* furent données, avec succès, à Lyon, aux mois de Mars-Avril 1898.

(2) Il faut placer ici, entre les deux opérettes, deux bouffonneries restées inédites, *Cocorico* et *Monsieur et Madame Orchestre*, toutes deux sans grand intérêt.

Les couplets de la ,lettre que chantait Madame Jane Hading, le duetto : « Eh bien, ma chère, à son mari... », le duo bouffe et le second duetto qui sert de final : « Faisons-nous petits.... » sont du meilleur Chabrier et laissent bien loin en arrière toutes les opérettes du même genre, malgré l'insigni-fiance du livret.

Cet autre demi-succès ne suffit pas à remonter Chabrier, impressionné défavora-blement. Il voyait ses camarades Henri Du-parc, Gabriel Fauré, faire leur chemin et se disait qu'il ne serait jamais qu'un *musicien consultant.* C'est l'expression dont il se ser-vait, parce que beaucoup d'œuvres nouvelles lui étaient soumises ; des musiciens en renom lui demandaient des conseils, confiants dans son goût et sa hardiesse.

Une circonstance interrompit ce moment de découragement en révélant à Chabrier sa vocation définitive.

Son intime ami M. Henri Duparc était à Munich où l'on donnait de superbes repré-sentations de *Tristan et Yzeult* — avec M. et Madame Vogl dans les principaux rôles. — Au lendemain de la première, M. Duparc

enthousiasmé revint à Paris afin de déterminer Chabrier et quelques amis à l'accompa-
gner lorsqu'il retournerait huit jours après à
Munich, afin d'assister à la seconde représentation de *Tristan*.

Chabrier ignorait complètement ce chef-
d'œuvre de Wagner qu'il avait même une
espèce de peur de connaître. Il hésita beaucoup et M. Duparc dut revenir plusieurs fois
au ministère de l'Intérieur pour convaincre
son ami de la nécessité du voyage à Munich.

Enfin, Chabrier se décida et ce fut pour
tous les compagnons de voyage une grande
joie lorsque Henri Duparc leur annonça que
Chabrier les accompagnerait, car c'était leur
apprendre que le voyage serait amusant.

Tout alla comme on s'y était attendu
jusqu'à l'heure de la représentation.

A ce moment un changement se produisit
dans l'attitude de Chabrier. Sa nature sensible et prime-sautière venait d'être en un
instant retournée. Le génie de Wagner l'avait
conquis à ce point qu'il s'en alla, après cette
représentation de *Tristan*, s'enfermer sans
un mot à ses amis, seul, dans sa chambre.

Jusqu'alors il n'avait pas songé à se

consacrer exclusivement à la musique. En revenant de Munich, son parti était pris d'abandonner son emploi au ministère.

Il reste de ce voyage un document curieux qui indique le côté sensitif de Chabrier et de quelle façon il avait été subjugué par l'œuvre de Wagner. C'est une partition de *Tristan* que M. Duparc lui avait prêtée pour suivre la représentation et dans laquelle, d'un bout à l'autre, Chabrier a souligné une quantité de passages. Tous sont des passages d'émotion.

Maintenant, faut-il dire que cet évènement considérable dans la vie de Chabrier fut de tous points un évènement heureux ? Il est certain qu'en prenant cette résolution d'être un compositeur, Chabrier prenait celle de se hausser jusqu'au drame wagnérien et d'écrire *Gwendoline*, œuvre musicale de premier ordre et aussi captivante que personnelle.

Mais, comme il savait fort bien que nul mieux que lui n'eût traduit le rire et qu'il songeait même à tirer des scènes de Rabelais, on peut dire aussi qu'il abandonna trop vite ses projets antérieurs et le genre de musique pour lequel il était né, musique qui lui aurait coûté peu d'efforts.

Son excuse est dans la manière dont Wagner entra dans la musique française.

On commença, en France, par dénigrer Wagner de telle façon que lorsqu'on en comprit la valeur, l'injustice dont il était la victime se changea en un enthousiasme indescriptible. Wagner devint un dieu de la musique et comme, en même temps, on était las de la littérature naturaliste et que le mouvement symboliste commençait, Wagner devint aussi un dieu de la poésie dramatique et détraqua toutes les cervelles latines.

Chabrier n'échappa pas à ce sentiment d'enthousiasme forcené pour Wagner. Personne même ne pouvait subir comme lui l'influence du génie de Bayreuth après une audition de *Tristan et Yseult*.

Un critique (1) qui connaît bien Wagner et est resté un de ses plus fervents admirateurs, a dit avec raison en parlant de *Tristan:* « C'est en musique la lecture la plus dangereuse qui existe ; il est vrai qu'il faut être extraordinaire pour la sentir... »

____
(1) M. Péladan.

Ce don extraordinaire, nécessaire pour sentir la musique de *Tristan*, Chabrier l'avait au plus haut degré. Il disait quelque temps après son voyage à Munich : « Il y a pour cent ans de musique là-dedans ; il n'a laissé rien à ficher pour nous autres; qui oserait ? »

Il osa pourtant et donna *Gwendoline*, c'est-à-dire un chef-d'œuvre.

Avoir du génie c'est réaliser l'œuvre rêvée. Son effort aboutit à une réalisation magnifique sans qu'il soit possible de prétendre que *Gwendoline* fût vraiment l'œuvre qu'il avait rêvée. Il se l'imposa plutôt. Un collaborateur eut pu lui faciliter sa tâche en lui donnant un sujet à sa convenance; il ne le rencontra jamais.

L'épisode de Chabrier allant, au sortir de la représentation de *Tristan*, s'enfermer, lui si gai d'ordinaire, dans une chambre d'hôtel, montre bien le caractère de l'impression qu'il avait reçue. Il venait de prendre contact avec le génie glacial de Wagner et un instant cessa de rire comme pour mesurer l'étendue de la tâche qu'il allait s'imposer.

Non seulement, dans la suite, il ne rencontra pas une seule fois le librettiste qui pouvait atténuer son effort en lui donnant les sujets qu'il lui fallait, mais il se contenta trop facilement de ceux qu'on lui proposait alors qu'il eût pu écrire ses livrets lui-même. Il n'y consentit point et c'est regrettable, car tout ce qu'on lui confia ne convenait pas à son tempérament.

Fort heureusement Chabrier, de race essentiellement française, sut conserver sa personnalité et son originalité. Son enthousiasme pour Wagner ne l'empêcha pas de penser en français. Ce n'est qu'en se plaçant au point de vue technique qu'il fit des emprunts au génie allemand.

Il se trompa quant à la durée que devait avoir l'inflence de Wagner.

Non, il n'y avait pas pour *cent ans de musique là-dedans*, ou du moins, s'il est vrai de dire que l'Allemagne sera peut-être encore dans cent ans sous l'influence du génie de Bayreuth, la France, après un quart de siècle, sent la nécessité de se dégager de toute influence étrangère.

Chabrier a subi cette influence seulement quant à l'écriture. Même dans *Gwendoline* où le wagnérisme est plus apparent que dans ses autres œuvres, il est resté le successeur de Berlioz.

En dehors de son théâtre, il est encore plus chaud et plus vibrant, plus libre et plus varié.

1881-1886

**Il va habiter la Membrolle — Gwendoline — La Société
Nationale et les Concerts Lamoureux —
Pièces pittoresques — Valses
romantiques — Espana
— La Sulamite.**

Le 12 Novembre 1880, Chabrier qui avait demandé sa mise en disponibilité, quitta le ministère de l'Intérieur.

Il avait été un employé sans ponctualité et même quelque peu fantaisiste. Un ami dévoué faisait la plupart du temps le travail qu'aurait dû faire Chabrier, qui emportait tous les jours de la musique à son bureau. Le directeur était très musicien et fermait les yeux sur les irrégularités de son employé.

Celui-ci en profitait de son mieux mais toutefois ne se sentit vraiment libre que lorsqu'il eut abandonné définitivement son emploi.

Dès l'année suivante son existence s'en trouva modifiée.

Sa belle-mère, Mme Dejean, venait de louer une maison dans un petit village de Touraine, la Membrolle, et Chabrier après une visite où il avait pu apprécier le charme très doux de la vie rurale, décida de s'y installer tous les ans pour plusieurs mois durant lesquels il pourrait travailler en paix.

La Membrolle est bien le type de la bourgade tourangelle. Elle est située dans une petite vallée où serpente une rivière microscopique, la Choizille, bordée de peupliers. La route de Tours au Mans forme la rue unique du village ; les maisons sont neuves, l'église est neuve ; sur le coteau voisin il y a un château moderne avec un parc et des jardins dessinés à l'anglaise. Pas l'ombre « d'archaïsme » dans tout cela, un paysage un peu étroit et borné, mais un sol fertile.

Autour de ce hameau en apparence insignifiant, on récolte des fruits merveilleux et des vins exquis. En une demi-heure de voi-

(Cliché C. Rosimbert)

La maison d'E. Chabrier à la Membrolle

ture on peut se rendre de la Membrolle à Tours, cité confortable et bien approvisionnée, traversée par une rue magnifique décrite par Balzac qui y est né.

« Au coin de ma rue natale, écrivait-il dans un de ses *Contes drôlatiques*, manquent seulement les braves figures de mon bon maître Rabelais et du sieur Descartes, incogneus aux naturels du pays ».

Depuis longtemps déjà, les *naturels du pays* ont réparé cet oubli et placé au coin de la rue Royale les statues de Descartes et de Rabelais lesquels leur sont restés totalement inconnus.

Peu importait à Chabrier le manque de culture littéraire des Tourangeaux et l'exiguité des horizons. Il était avant tout artiste et parisien. Il avait les paysans en horreur et ne goûtait guère la nature sinon arrangée, vue à travers l'œuvre d'un poète. L'endroit pour lui était bien choisi puisqu'il y était venu pour travailler.

La maison de Madame Dejean était placée à l'extrémité du bourg, là où la rue redevient la route du Mans. Elle était spacieuse

2

et agrémentée d'un jardin assez vaste arrosé par un bras de la Choizille.

Chabrier se tenait surtout dans le salon ; c'était dans cette pièce qu'il travaillait à toute heure du jour et de la nuit.

On le vit quelquefois dans la rue de La Membrolle, en sabots, avec une canne à pêche sur l'épaule ; il descendait alors vers la Choizille, jetait sa ligne ; mais le passe-temps avait pour lui peu d'attraits. Au bout de quelques minutes, il rentrait rapidement chez lui et tout aussitôt on entendait résonner le piano sous sa formidable poigne.

Presque régulièrement Chabrier arrivait à la Membrolle au moment des vacances de Pâques. Madame Chabrier et ses enfants venaient le rejoindre au mois de juillet et, à la fin des grandes vacances, toute la famille revenait à Paris.

Le compositeur avait à Tours d'excellents amis, la famille Perny. Les visites qu'il leur faisait de temps en temps furent ses seules distractions pendant les longs séjours chez Mme Dejean. Il fit souvent à pied les deux lieues qui séparent Tours de la Membrolle.

On peut affirmer que c'est dans ce coin de Touraine que furent en grande partie composés les morceaux les plus importants de *Gwendoline,* de *la Sulamite* et de *Briséis.*

De là aussi sont parties les curieuses lettres qu'il adressait à ses intimes amis, à Madame Chabrier et à ses fils. Dans sa correspondance, Chabrier se montre tel que dans son œuvre musicale, exubérant, affectueux et amusant.

L'article de M. Robert Brussel dont j'ai déjà parlé contient quelques spécimens de lettres très heureusement choisis.

Tout dernièrement, MM. Legrand-Chabrier ont publié les « Lettres à Nanine ». Précédées d'une exquise préface où est racontée la vie de cette servante dévouée, ces lettres ne sont pas seulement le document le plus sûr que nous ayons sur le caractère intime d'Emmanuel Chabrier, elles sont aussi la révélation de son très grand talent d'écrivain. Il y a dans ce petit livre, outre, je le répète, beaucoup de cœur, beaucoup d'esprit, une tendresse et une gaieté intarissables, un style chaud, soutenu, incomparable ; ou plutôt si, on peut le comparer à la musique de Chabrier et il n'y a qu'elle dont la lecture pourra nous procurer une sensation analogue.

Je veux en donner un exemple en citant une de ces lettres, mais il faut les lire toutes pour savoir ce que c'est que la verve prime-sautière de Chabrier :

« La Membrolle, 13 juin 1890.

« Ma petite Nanine,

« Te rappelles-tu M. Bonin, le maçon ? Il m'a demandé hier de tes nouvelles et ne savait pas que ta pauvre jambe t'avait joué ce mauvais tour ! — Quant aux autres du village, ça continue à ballader leurs petites voitures à lapins avec des airs idiots.

Ah ! ce n'est pas le pays des jolies femmes et ce n'est pas ici qu'il faudrait venir si l'on voulait retaper la race !

La mère R... ne décolère pas ; elle ne peut prendre son parti de n'avoir pas hérité de sa belle-sœur à laquelle elle n'avait jamais offert, pendant sa vie, une simple pipe de tabac ; ça vous tourne quasiment le dos quand vous vivez et une fois mort çà voudrait votre argent ; on les giflerait ! — C'est *Coquette*, tu sais, sa belle-fille, la jeune veuve, qui a acheté la maison que nous habitons : sept mille trois cents francs. Rien de changé, du reste, ma belle-mère a encore quinze mois à courir ; puis Coquette habite Saint-Cyr où elle a un domestique qui l'aime beaucoup ; elle ne tient donc pas à venir à la Membrolle quant à présent.

« Hier, un grand carreau de la fenêtre de l'antichambre du premier, donnant sur la grand-route, a volé en éclats, par suite d'un courant d'air ; aujourd'hui on marche sur les vitriers et dans le mastic. En voilà pour cent sous ; ici quand on les dérange ça coûte gros. — Tantôt, pluie, vent, grêle et finalement un coup de tonnerre tel que j'ai cru que tous les nuages s'étaient donné le mot pour nous lâcher ensemble leur plus formidable pet ! C'était peut-être un concours ! du coup, Madame Froger qui n'aime pas ces plaisanteries-là, est dégringolée dans sa cave et y est restée plus d'une heure avec ses jupes sur sa tête pour ne pas voir les éclairs. Maintenant que le soleil a reparu, elle écosse des petits pois dans la salle à manger, avec la grand-mère qui se fiche pas mal du tonnerre et se colle matin et soir sa demi-livre de fraises sur l'estomac. Elle digèrerait de la pierre de Volvic. Hier, nous avons mangé des artichauts superbes ; ils étaient si gros qu'on ne savait où fourrer les feuilles ; toutes les assiettes sales en étaient pleines ; il a fallu redescendre chercher la soupière pour y mettre le reste.

« Lundi, mariage des deux demoiselles Nussay, filles de l'autre maçon ; nous sommes invités à la messe et au bastringue. J'irai y faire un tour ; je te raconterai la petite fête.

« A bientôt, ma pauvre vieille, pense bien à nous, je t'en prie ; quant à moi tu sais bien que ton souvenir est toujours là!

« Ton vieux,

« Mavel. »

Avant que Catulle Mendès lui eût remis le livret de *Gwendoline*, Chabrier avait demandé des livrets à quelques autres de ses amis parnassiens.

Armand Silvestre avait ébauché un petit opéra-comique en un acte, *Le Sabbat*, tiré d'une nouvelle de Sacher-Masoch et en même temps le même Armand Sylvestre avait fait

un opéra du drame de M. Jules Claretie intitulé *Les Muscadins*.

Il ne reste de tout cela que quatre nu-
méros inachevés du 1er acte des *Muscadins*.

Chabrier, durant les deux dernières années de sa vie, a détruit beaucoup d'ébauches
et de pages inédites. *Le Sabbat* et une partie
des *Muscadins* ont dû se trouver dans le
nombre de ces fragments détruits.

L'auteur s'arrêta à ce livret de *Gwendoline* que Mendès avait écrit spécialement pour
lui.

La ballade d'Harald et les deux duos
sont de cette époque. L'opéra ne fut entièrement terminé que quatre ans plus tard.

Avant qu'il fût représenté pour la première fois à Bruxelles, les *Concerts Lamoureux* et la *Société Nationale de Musique* en
donnèrent quelques fragments (1883-1885).

Il me faut dire un mot de ces sociétés
dont Chabrier devint, à partir du moment où
il quitta le ministère, un des membres les
plus actifs.

La *Société Nationale* existait depuis 1871.
« Elle avait été fondée par Romain Bussine,
professeur de chant au conservatoire et M.

Camille Saint-Saens, auxquels vinrent se joindre César Franck, Ernest Guiraud, Massenet, Garcin, Gabriel Fauré, Henri Duparc, Théodore Dubois et Taffanel. » (1)

Le but de la société était de favoriser la production et la vulgarisation de toutes les œuvres musicales sérieuses, des compositeurs français.

M. Romain Rolland a pu dire avec raison dans son beau livre que tout ce qu'il y a de grand dans la musique française de 1871 à 1900 a passé par là. Les compositeurs et les virtuoses les plus célèbres se sont fait entendre à la *Société Nationale*.

Saint-Saens conserva la direction de la société jusqu'en 1881. Franck en devint alors le président jusqu'à sa mort et M. Vincent d'Indy lui a succédé.

La société des *Nouveaux Concerts* (2) fut fondée par Charles Lamoureux le 21 octobre 1881.

---

(1) Romain Rolland « *Musiciens d'aujourd'hui* », Hachette 1908.

(2) Les *Concerts populaires* existaient déjà avec l'*Association artistique* de M. Colonne. La société des *Nouveaux concerts* devint à partir de 1888 *Les Concerts Lamoureux*, appellation qu'elle a conservée avec son directeur actuel, M. C. Chevillard.

L'intention de Lamoureux était, tout en comprenant dans son programme tous les genres de musique, d'initier le public aux œuvres de Wagner.

Le wagnérisme de Chabrier le désigna au chef d'orchestre qui se l'adjoignit comme chef des chœurs.

Chabrier, Lamoureux, M. C. Chevillard, M. Victor Wilder, formaient un groupe d'inséparables wagnériens auquel se joignait bientôt le ténor Van Dyck qui devint lui aussi un assidu des soirées de la rue Mosnier.

Chabrier dirigea aux *Nouveaux Concerts*, entre autres études, celles des deux premiers actes de *Tristan et Yseult*, donnés pendant la saison 1884-85 et celles du premier acte de *la Walkyrie* donné la même année, enfin celles qui devaient préparer l'unique représentation de *Lohengrin* à l'Eden-théâtre.

La *Société Nationale de Musique* et la *Société des Concerts Lamoureux* furent d'une grande utilité à Emmanuel Chabrier.

A la *Société Nationale* il prit contact avec tous les élèves de César Franck et fréquenta le maître des *Béatitudes* lequel, prodigieux éducateur, eut une influence salutaire sur tous les musiciens de son entourage qui, comme Chabrier, ne furent pas comptés parmi ses élèves.

Chabrier était trop désireux de parachever une instruction musicale qui avait déjà donné des résultats, pour ne pas observer beaucoup le mouvement franckiste et il avait trop de sensibilité pour ne pas subir le charme que le « Père Franck » par sa foi et son inaltérable bonté, répandait autour de lui.

A la société des *Concerts Lamoureux*, Chabrier s'initia aux secrets de l'orchestration, non pas qu'il ignorât les principes de l'orchestration, mais le sens de l'orchestre paraissait lui manquer.

Dans les premiers mois de l'année 1881 il tenta d'orchestrer quelques-uns des délicieux morceaux de piano qu'il allait bientôt publier sous le titre de *Pièces pittoresques*. Ayant montré son travail d'orchestration à quelques amis, ceux-ci furent surpris et à la fois navrés ; son orchestration était lourde, incolore, maladroite. En un mot on pouvait craindre que l'extraordinaire personnalité qui caractérise sa musique, ne pût jamais se faire jour avec l'orchestre. On se disait qu'évidemment il saurait orchestrer comme un autre, mais rien de plus.

Quelle que fut la manière dont la couleur orchestrale se révélât à lui, il est certain que moins de deux ans après cette communication à ses amis, il donnait *España*, un chef-d'œuvre d'orchestration.

Il est probable que le travail auquel il se livrait aux *Concerts Lamoureux* ne fut pas étranger à la perfection avec laquelle il orchestra *España*.

« Et depuis, son orchestration n'a jamais « été inférieure. Peut-être même peut-on « dire qu'elle s'est encore perfectionnée en ce « sens qu'elle est devenue plus adéquate à la « musique.

« *España* donne l'impression d'une œu- « vre merveilleusement *orchestrée*. Les œuvres « qui ont suivi me semblent avoir été *pensées* « *pour l'orchestre* ; je n'en remarque même « pas l'orchestration qui ne fait qu'un avec « l'idée et que je ne conçois pas différente. » (1)

(1) J'extrais ces lignes d'une lettre de M. Henri Duparc qui a bien voulu répondre à mes questions concernant son ami. Qu'il me permette de lui adresser ici l'expression de ma respectueuse reconnaissance.

Il ne faudrait pas conclure de ce que Chabrier apprenait encore à quarante ans, qu'il y eût des *trous* dans la somme de ses connaissances techniques.

Ayant commencé sa véritable instruction musicale très tard, il n'était plus *un jeune* lorsqu'il se trouva en complète possession de son art. Mais alors il savait tout de cet art ; il y ajouta cette liberté dans l'improvisation que l'on constate souvent chez ceux qui n'ont passé par aucune école. Il fut un maître dans le sens vrai et absolu du mot.

Chabrier ne dut pas seulement à Charles Lamoureux d'avoir complété pratiquement son bagage de connaissances musicales, c'est encore grâce au célèbre chef d'orchestre qu'il put faire entendre sa rapsodie d'*España* qui fit sa célébrité à Paris.

Et certes la magnifique exécution de ce morceau inattendu fut pour quelque chose dans le succès immédiat qu'il remporta. Chabrier qui n'était pas ingrat, ne manquait jamais l'occasion d'affirmer la valeur exceptionnelle de l'orchestre Lamoureux et de son chef. Il ne proclamait en cela que la pure vérité. On peut dire qu'au moment où Paris comptait déjà tant d'excellents orchestres, celui des Concerts Lamoureux était le meilleur de tous et qu'à l'heure présente, avec son nouveau chef M. Camille Chevillard, il a atteint la perfection absolue.

En 1881, Chabrier n'avait encore publié que ce qu'on est convenu d'appeler des œuvres de jeunesse, la *Marche des Cipayes*, l'*Impromptu* pour piano et le *morceau pour cor et orchestre* que Garigue exécuta souvent; enfin l'*Etoile* et *Une Education manquée*.

Depuis l'*Etoile* il était en relations avec M. Enoch. Un changement de résidence, (Chabrier quitta la rue Mosnier pour la rue Rochechouart) fit que les relations devinrent de plus en plus étroites et le compositeur obtint de son éditeur et ami la publication des *Pièces pittoresques*, — recueil de dix morceaux de piano — *Paysage, Mélancolie, Tourbillon, Sous bois, Mauresque, Idylle, Danse villageoise, Improvisation, Menuet pompeux, Scherzo valse.*

Le choix était excellent; il n'est pas une seule de ces pièces où on ne reconnaisse le caractère de l'auteur et sa maîtrise. Bien exécutées devant des auditeurs français qui les entendraient pour la première fois, elles produiront toujours une impression analogue à celle que causerait telle autre de ses compositions plus importantes.

On commencera par sourire, c'est gaiement que l'attention sera tout d'abord éveillée, puis, conduit par la verve du musicien, on le suivra jusqu'au bout, étonné de ses trouvailles de couleur vive qui n'entravent en rien l'effet mélodique. Cette dernière impression est plus forte encore avec les *Trois valses romantiques* publiées en Octobre 1883.

Cherchez dans l'œuvre des classiques du piano, vous ne trouverez rien de plus original ni de plus parfait que ces valses qui sont encore trop peu connues. Elles ont été écrites pour deux pianos et on ne devrait jamais les jouer autrement, quoiqu'elles existent pour piano à deux ou à quatre mains. (1)

Un peu avant les *Valses romantiques*, Chabrier avait publié une mélodie, *Credo d'amour*, écrite sur une poésie d'Armand Silvestre.

---

(1) J'apprends que deux de ces valses viennent d'être orchestrées par M. F. Mottl qui avait si parfaitement orchestré la *Bourrée.*

Credo d'amour est compris dans l'édition définitive des mélodies de Chabrier et digne d'y figurer, mais ce n'est pas la meilleure du recueil.

Cette même année, 1883, se termina par un triomphe pour Emmanuel Chabrier. C'est en effet au mois de Décembre que Charles Lamoureux donna la première audition d'*España*.

Ce fut une des plus agréables surprises que goûtèrent jamais les habitués de chez Lamoureux.

A vrai dire on ne comptait guère sur un succès aussi prononcé. En exécutant cette œuvre, Lamoureux voulait être agréable à son collaborateur et tous, directeur, auteur et interprêtes étaient curieux de voir ce que donnerait cette musique endiablée devant le public des concerts ; cependant on ne s'attendait pas à ce que ce public, instruit sans doute, mais prompt toujours à s'effaroucher surtout lorsqu'il s'agissait d'une œuvre nouvelle, applaudît *España* aussi franchement et aussi chaleureusement qu'il le fit.

España avait été composée avec un ensemble de motifs écrits de verve pendant et après un voyage que l'auteur avait fait en Espagne au printemps précédent.

Chabrier enthousiasmé par tout ce qu'il voyait, ravi de son séjour en Andalousie, avait noté sans intention un tas de morceaux improvisés sur le piano à toutes les minutes de ce voyage.

C'est presque *en blaguant* qu'il exécutait ces fragments et qu'il en tira petit à petit les motifs qui composent *España*.

En blaguant toujours il se mit à orchestrer ce qu'il avait écrit d'abord pour le piano. Il en résulta l'œuvre admirable que l'on sait et elle avait été composée en si peu de temps, avec un tel plaisir et un tel entrain que Chabrier, après l'avoir intitulée *España*, ne savait comment définir cet ensemble étrange qui s'appela finalement une rapsodie pour grand orchestre.

Chabrier disait : « C'est un morceau en fa et rien de plus. »

Ce morceau en fa, morceau unique, presque inclassable, est tout simplement un chef-d'œuvre et une des affirmations les plus inattendues et les plus précises de la spontanéité française. Son caractère de spontanéité a fait considérer à tort *España* comme une curiosité, comme un hors-d'œuvre brillant.

Je ne crains pas de réclamer pour *España* une place plus importante dans l'histoire de la musique. Avec cette œuvre, Chabrier s'est placé immédiatement après Berlioz pour affirmer les qualités particulières de sa race et de son pays.

Il fut précurseur en même temps qu'il revenait à la tradition et ceux qui applaudirent sa rapsodie ne se rendirent peut-être pas un compte exact de l'importance de leur manifestation. Volontairement ou non ils protestaient contre l'injustice dont Berlioz allait être l'objet et je ne serais pas étonné que le jour proche où cette injustice aura fait place à un sentiment d'admiration, Chabrier n'apparût, avec *España*, comme le seul musicien français pouvant se comparer, quant à la manière de penser musicalement, avec l'auteur de *la Damnation de Faust*.

L'âme de Chabrier se montre dans *España* comme l'âme de Berlioz dans la *Symphonie fantastique* ou dans *Roméo*.

Ayant puisé son inspiration en pays latin, là où il devait tout naturellement se dégager de l'influence wagnérienne, Chabrier écrivit *España* en toute liberté, dominé musicalement par son sujet. N'est-ce pas la manière constante de Berlioz?

Je viens de dire aussi qu'avec *España*, Chabrier fut un précurseur.

Il ne s'agit pas en effet de lui accorder cette qualité parce qu'il transmit aux maîtres d'aujourd'hui, à M. Debussy par exemple, quelques procédés dont lui Chabrier avait fait un usage heureux après les avoir empruntés à Wagner.

Il ne faudrait pas non plus, parce qu'il a chanté *les Dindons*, *les Canards*, *les Cigales* et les *Cochons roses*, conclure en faisant de Chabrier le précurseur de M. Maurice Ravel.

L'auteur des *Histoires naturelles* ne s'est rencontré avec Chabrier que dans la similitudes des titres et a indiqué jusqu'ici des tendances tout-à-fait différentes de celles de Chabrier lequel est le contraire d'un pince-sans-rire et d'un ironiste. Quand il blague, il blague vraiment, sincèrement et absolument et il ne blague pas toujours.

Le précurseur qu'a été Chabrier apparaîtra le jour où la musique française sera complètement dégagée de toute influence étrangère.

César Franck ne pouvait être le lien entre le romantisme de Berlioz et la musique moderne. Le génial auteur des *Béatitudes* ne fut pas un génie latin. On l'a dit avec raison : C'est un Wallon et non un français. (1)

Chabrier est le seul musicien depuis Berlioz, qui ait employé la science musicale complète et les formules nouvellement acquises à son époque en conservant les qualités de verve et le parfum de latinité qui caractérisent le génie français.

España est, à ce point de vue son chef-d'œuvre et fort heureusement le succès, très grand à la première audition, s'est accentué depuis. L'œuvre est reprise souvent (presque tous les ans) par M. Chevillard et à chaque fois on l'applaudit vigoureusement.

Le gros public, les amateurs, les simples connaisseurs aussi bien que les artistes se laissent emporter par ce torrent de musique joyeuse qui jaillit intarissablement.

A l'époque des premières auditions, on

(1) Voir : Le sentiment wallon en musique, par E. Closson, 1905.

a dit que l'auteur à force d'exubérance, rencontrait quelquefois la vulgarité ! Ce n'est pas tout-à-fait juste au moins en ce qui concerne *España* et pour le reste de ce qu'a écrit Chabrier, je ne vois guère que la *Marche joyeuse* à laquelle le reproche de vulgarité pourrait s'appliquer justement.

Aussitôt que la profusion lui fait craindre la vulgarité, Chabrier sait à merveille compliquer la situation par un raffinement de nuances et se faire caressant et gracieux. Inutile même, quand on l'interprète, de le fignoler comme on l'a fait quelquefois, car alors on le défigure et par conséquent on l'amoindrit.

España a été jouée en Espagne sans aucun succès. Elle était pourtant dirigée par un maître, M. Vincent d'Indy. Les Espagnols n'ont pas même dissimulé leur aversion pour la musique de Chabrier. Il ne faut pas trop s'en étonner.

Malgré la précaution prise par Chabrier lui-même de nous avertir, au moyen du programme, que *les deux essences musicales du Sud et du Nord sont mêlées et superposées*, etc., malgré aussi les éloges des critiques, lesquels ont voulu expliquer *España* en disant que c'était *toute l'Espagne bruyante et ensoleillée qui tout à coup apparaissait.....* etc. *España* n'est pas autant que cela espagnole. C'est l'Espagne, si l'on veut, mais vue à travers la fantaisie du musicien le plus parisien qui ait jamais existé.

Enfin les Espagnols étaient-ils jusqu'à présent à considérer en tant que juges d'une œuvre écrite dans une langue musicale qu'ils n'avaient jamais parlée et presque jamais écoutée ?

Depuis quelques années un certain nombre de compositeurs espagnols se sont imposés chez eux et parviendront sans doute à modifier le goût et à augmenter le savoir de leurs compatriotes. Il sera bientôt curieux de recommencer l'expérience et de faire entendre à nouveau *España* à Madrid et à Barcelone.

En attendant, il faut constater que l'œuvre de Chabrier y fut incomprise et méprisée comme elle le fut également en Russie et en Allemagne où Chabrier partage le sort de César Franck et de ses successeurs. Seuls, les professionnels les ont appréciés, — et encore !

Exécutée en Allemagne sous la conduite de chefs d'orchestre français, la fameuse rapsodie est tout aussi incomprise que les *Béatitudes*.

N'est-ce pas la preuve absolue que les Allemands n'ont encore rien saisi de la production musicale française de ces vingt dernières années.

C'est comme imitateur de Wagner qu'ils apprécient Chabrier ou plutôt dans la mesure où Chabrier fut wagnérien. *Gwendoline* et le *Roi malgré lui* furent compris des Allemands.

España ne pouvait l'être comme tout ce qui fait aujourd'hui la supériorité de la musique française.

Non seulement *les Béatitudes, Rédemption*, c'est-à-dire les œuvres où l'âme religieuse de César Franck s'est le mieux exprimée, échappent complètement aux Allemands, mais il a suffi que la gaieté française ait trouvé avec *España* une expression musicale transcendante pour qu'elle leur fût également incompréhensible. Ils ne voient, en dehors des imitations systématiques de Wagner, pour caractériser notre production actuelle, que les œuvres qui ne sont considérées chez nous que comme agréables et de second ordre.

Serait-ce parce qu'ils savent que ces œuvres sont de second ordre que les Allemands apporteraient pour elles une admiration ?

Non, (1) ils sont sincères lorsqu'ils disent que la musique française les ennuie, que la musique française doit être gaie, frivole et exubérante.

A cela il est facile de leur répondre : *España* est par excellence une œuvre d'exubérance et de gaieté et vous n'avez pas goûté *España*. C'est que la rapsodie de Chabrier est un chef-d'œuvre, et les chefs-d'œuvre, tout Wagner excepté, vous ne les comprenez plus.

Au lendemain des trois exécutions (2) d'*España* aux Concerts Lamoureux, Chabrier était célèbre. *España* fut transcrite de toutes les manières, à quatre mains d'abord, pour deux pianos, puis pour piano à quatre mains, puis à deux mains, puis pour deux pianos à huit mains. Enfin, il y eut même une trans-

____

(1) Voir Romain Rolland (Musique française et musique allemande).

(2) España, *redemandée*, fut exécutée chez Lamoureux trois dimanches consécutifs.

cription pour piano et chant arrangée par M. Emile Louis, sur une poésie de M. Eugène Adenis.

Aucune ne peut donner une idée complète du morceau primitif pour orchestre ; le piano restera insuffisant toujours pour rendre les pizzicatti et les castagnettes.

Chabrier seul arrivait à donner l'illusion des timbres de l'orchestre lorsqu'il jouait la transcription d'*España* à deux mains et on la lui demandait souvent dans les salons qu'il fréquentait.

Un an après ce grand succès, il eut la curiosité de voir exécuter un morceau de *Gwendoline* dont le premier acte était alors complètement terminé.

Charles Lamoureux consentit à faire entendre la légende du premier acte avec Mme Montalba dans le rôle de Gwendoline, le 9 Novembre 1884.

On fut frappé, à cette audition, d'une analogie avec le début du deuxième acte du *Vaisseau fantôme*. De même Senta, dans le drame de Wagner, songeait avec une terreur mélangée de pitié, au Hollandais maudit, de même des sentiments de pitié et de terreur inspirés par les farouches Danois, font le sujet de la rêverie de Gwendoline.

On applaudit aux qualités dramatiques de Chabrier et on le félicita de n'avoir rien perdu de sa fougue habituelle. Mme Montalba fut superbe comme cantatrice et comme inprète.

Le 15 Mars suivant, encouragé par ce nouveau succès, Chabrier donna, toujours chez Lamoureux, *La Sulamite*, scène lyrique avec chœur sur des paroles de Jean Richepin. Mme Brunet-Lafleur en était la principale interprète.

La gaieté et la verve entraînante que Chabrier avait montrées dans *España* et dans ses opérettes l'avaient fait cantonner un peu trop exclusivement par la critique et une partie du public dans le genre *bouffe*.

S'il fallait un exemple pour prouver qu'il était capable de s'attaquer aux sujets les plus sérieux et les plus élevés, je choisirais volontiers *La Sulamite*.

Les qualités de couleur de cette œuvre curieuse étaient apparentes dans les œuvres antérieures, mais elles se sont développées dans *La Sulamite ;* elles s'y sont même compliquées, car nulle part le compositeur ne fut plus touffu et plus recherché.

A cette époque il était en pleine possession de ses moyens et on le considérait partout comme le tempérament le plus original et le plus vigoureux de la musique contemporaine.

Mme Brunet-Lafleur interpréta *La Sulamite* en perfection et quelques années après, M. Alfred Bruneau a pu écrire à propos de cette audition :

« C'est un long cri d'amour, formidable
« en son paroxysme dernier. Le souvenir du
« Bien-aimé, vague et si doux d'abord, comme
« un bercement de rêves, comme un souffle
« de brise, s'échappe des lèvres heureuses
« qui chantent alors la toute-puissance des
« yeux, des dents, des crins, de la peau dorée
« sous les soleils dévorateurs et caressants.
« C'est un Hosanna triomphal qui, dans
« l'ivresse progressive du son, nous entr'ouvre
« les portes paradisiaques des religions fémi-
« nines, meurtrières et éternelles. » (1)

Au mois d'Octobre de la même année,

____

(1) A. Bruneau : Revue Indépendante, septembre 1889.

Chabrier publia un morceau pour piano — *Habañera* — dernier souvenir de ce voyage en Espagne qui lui avait inspiré antérieurement un chef-d'œuvre auquel *Habañera* ne se peut comparer que de loin. C'est un morceau amusant à cause de la bizarrerie de son rythme. Il fut transcrit depuis pour orchestre et pour piano et violon.

Le 22 novembre (1) suivant, l'orchestre Lamoureux exécuta le prélude du deuxième acte de *Gwendoline*, un des passages les plus gracieux de la partition. On le reprend souvent au même concert et tout dernièrement encore (1908). On a peut-être le tort de le jouer en en faisant surtout valoir la finesse et l'élégance. C'est une page de passion, de passion chaste, la passion de Gwendoline, mais de passion.

Chabrier voulait que tous les effets de *Gwendoline* fussent rendus avec fougue.

-----

(1) Il faut placer ici une romance *Tes yeux bleus* composée sur des paroles de Rollinat et publiée dans l'album du *Gaulois*. Je ne sais pourquoi cette œuvre n'a pas pris place dans le cahier des mélodies de Chabrier, car elle est charmante.

Le chef d'orchestre allemand Félix Mottl avec lequel il fut très lié a raconté qu'un jour à Carlsruhe, Chabrier ne voulant pas harceler ses interprètes d'observations à propos de son opéra, avait apporté un exemplaire de sa partition chargé d'annotations au crayon bleu et partout on lisait le mot « brutal ».

Il faut se rappeler cette anecdote à chaque fois qu'il s'agit d'interpréter *Gwendoline* qui devint à partir de ce moment de la vie de Chabrier, sa constante préoccupation.

L'œuvre achevée avait été présentée aux directeurs de l'Opéra et la réputation de l'auteur qui ne connaissait que des succès, ne suffit pas à les déterminer à la monter.

Chabrier suivit l'exemple de beaucoup de ses confrères en offrant *Gwendoline* au directeur du théâtre de la Monnaie, à Bruxelles, qui l'accepta.

1886-1888

Entre la découverte des formules wagné-
riennes et la première de *Pelleas*, deux
manifestations dramatiques ont particulièrement attiré l'attention : *Gwendoline* d'abord
et ensuite *Fervaal*.

Chabrier indiqua donc le premier qu'il
serait possible aux musiciens français d'appliquer ces formules à leurs œuvres en restant
maîtres de leur originalité. Il s'agissait aussi
de les appliquer à des sujets originaux.

Malheureusement pour Chabrier le mouvement littéraire qui devait fournir à M. Debussy le livret symboliste qui lui convenait, commençait seulement au moment où s'achevait *Gwendoline*.

En 1885, la musique était depuis plus de quinze ans dégagée de la routine romantique, en avance sur la littérature qui se contentait en poésie d'une perfection poussée si loin qu'elle en devenait presque intolérable(1); dans le roman, le naturalisme se montrait définitivement incapable de faire œuvre d'art autrement qu'en choisissant les sujets les plus dénués d'intérêt et les plus abjects.

Les vers parnassiens et la prose des romanciers naturalistes ne se modifiaient pas au théâtre où leurs défauts apparaissaient encore plus abondants et plus évidents.

Que vouliez-vous que fît alors un compositeur croupissant (le mot est de Chabrier) faute de livret ?

Beaucoup de musiciens ne tardèrent pas

---

(1) Il va sans dire que je ne désigne ici que des œuvres consacrées. *Sagesse* avait paru en 1881 et *Tribulat Bonhomet* en 1884, mais qui donc avait lu ces livres au moment où Chabrier proposait *Gwendoline* à la direction de l'Opéra?

à se détourner de la musique dramatique ou du moins, s'ils ne l'abandonnèrent pas complètement, ils retournèrent pour les raisons que je viens de dire, plus facilement à la musique pure.

Quelques-uns, entre autres M. Vincent d'Indy, décidèrent d'écrire eux-mêmes leurs livrets.

L'exemple de Chabrier, attendant un librettiste, ne fut peut-être pas étranger à leur détermination.

Depuis, le symbolisme n'a pas seulement fourni des livrets aux compositeurs; Verlaine en écrivant

de la Musique avant toute chose

semblait inviter les poètes à un rapprochement avec les musiciens ; il en est résulté de la part de ces derniers des tentatives que le goût du public devenu chercheur de nuances plutôt que de couleurs, a couronnées de succès.

La période de temps située entre la première de *Gwendoline* et la première de *Pelléas* comprend donc précisément tout le mouve-

ment littéraire dit symboliste auquel **M.**
Debussy a dû le livret qui manquait à
Chabrier.

Il faut féliciter M. Debussy, cet exquis
poète, d'en avoir si heureusement profité ;
n'oublions pas cependant que vingt ans plus
tôt il lui eût été impossible de produire sa
musique au théâtre et que le musicien le plus
personnel de l'école française moderne, avant
M. Debussy, déterminé par enthousiasme
pour Wagner à faire de la musique dramatique et n'ayant pas l'audace d'écrire un livret,
dut se contenter de celui banal et incolore
que lui fournit Catulle Mendès.

Ce livret de *Gwendoline* n'est du reste
pas plus mauvais que celui de *Briséis* et
moins mauvais assurément que celui du *Roi
malgré lui.* Car, durant toute son existence
de compositeur, Chabrier dut lutter, lui qui
était l'originalité en personne, contre la prodigieuse insignifiance de ses livrets.

Celui de *Gwendoline* n'est pas compliqué.
On dirait que l'auteur, ravi de fournir à un
musicien français un drame wagnérien s'est
surtout préoccupé d'en adoucir le wagnérisme par la joliesse de ses vers.

L'air léger où l'aube naît
La grève où croît le genêt
D'azur limpide et de rose
Tout s'arrose,
Le jour naît.

C'est en ces termes que les Saxons et les Saxonnes célèbrent le lever du soleil aux temps barbares.

Nous sommes dans la ferme du vieux roi Armel, sur les côtes de la Grande-Bretagne. Gwendoline, fille d'Armel, est inquiète car les farouches Danois menacent le rivage.

« Ne crains rien, » répond Armel. Mais Gwendoline raconte à ses compagnes qu'elle a vu dans ses rêves les noirs rôdeurs et que l'un d'eux l'emportait avec lui sur la mer !

Eheyo ! les entendez-vous
Les barbares aux cheveux roux !

Presque aussitôt entrée des Danois. Après un bref combat terminé par la défaite et la fuite des Saxons, Armel recommande sa fille à l'un de ses serviteurs.

Harald, chef des pirates, apparaît. Avec

ses soldats, il chante la victoire, puis engage un dialogue avec le vieil Armel qui refuse de se rendre et de livrer son or.

Furieux de la résistance, Harald veut frapper le vieillard quand rentre Gwendoline qui se place entre son père et Harald.

Celui-ci, à l'aspect de la jeune fille, s'arrête stupéfait, laisse tomber sa hache, sourit, s'adoucit et ordonne à tous, Saxons et Danois, de se retirer.

Une longue scène se passe entre Harald et Gwendoline, scène de séduction où le guerrier, tel Hercule aux pieds d'Omphale, finit par s'agenouiller devant Gwendoline assise devant son rouet. Elle chante une ballade et c'est à genoux que les compagnons d'Harald qui se sont approchés, aperçoivent leur chef.

Le vieil Armel les accompagne, toujours prisonnier. Harald lui demande la main de Gwendoline.

Armel la lui accorde au grand étonnement des Saxons, mais le vieillard les prévient mystérieusement de la vengeance qu'il médite.

....Ce soir, dans le festin, ils quitteront la lance
Et l'armure... ils seront ivres ! et nous, subtils
Nous pourrons les frapper sans peine et sans périls.

Gwendoline reprend la ballade qu'elle a déjà chantée ; Harald unit sa voix à celle de sa fiancée ; le duo termine le premier acte.

Le deuxième acte se passe dans la maison du vieil Armel qui prépare sa vengeance. On doit incendier les vaisseaux des Danois dans un instant. Ceux-ci sans défiance ont quitté leurs armes. Ainsi, tous seront massacrés.

« Ils sont nos hôtes, cependant, » fait observer un serviteur d'Armel, et Armel répond :

Eux ! des hôtes ? Oui, oui, comme un lion grondant
*   Est l'hôte d'une bergerie !*

Ils sont venus plus prompts que les torrents d'hiver !
Ma fille, mes trésors, tout ce qui m'était cher
*   Ils me l'ont pris !....*

Voici venir les fiancés. Le chœur des Danois et des Saxons les accompagne de ses chants d'allégresse.

Le vieil Armel s'écrie :

Enfants ! je vous bénis avec mes bras tremblants !
Par les grands Dieux, seigneurs des cieux étin-
                                        [celants,
Jurez de vous aimer jusqu'à la nuit jalouse.

Ce passage a inspiré à Chabrier une des pages les plus belles de sa partition.

En même temps qu'il offre à Harald un hanap, Armel donne en cachette à Gwendoline un couteau dont elle devra frapper Harald endormi.

Mais Harald et Gwendoline restés seuls, Gwendoline conseille à son époux de fuir. Harald qui ne comprend pas le motif de cet ordre lui répond par des paroles d'amour et Gwendoline, oubliant bientôt le danger qui le menace, l'écoute ravie.

A ce moment, des cris de désespoir éclatent ; on entend un bruit de lutte. Ce sont les Saxons qui égorgent les Danois. Harald se précipite au secours de ses compagnons et comme il est sans armes, Gwendoline lui donne le couteau que son père lui avait donné.

Elle est vaincue à son tour, décidée à mourir avec Harald s'il meurt.

Au dernier acte on voit les vaisseaux des Danois en flammes. La lutte s'achève. Harald rentre en scène blessé. Armel le frappe.

Gwendoline éperdue saisit le couteau qu'Harald a gardé dans sa main, et se tue. Le vieil Armel défaille, sanglotant, parmi ses serviteurs.

Harald et Gwendoline meurent debout, appuyés contre un arbre, illuminés par les flammes des navires, dans une apothéose.

Ce dernier acte est très court. On peut facilement l'ajouter au second acte, sans baisser le rideau. C'est ainsi qu'on le représenta à Bruxelles. L'affiche portait : opéra en deux actes.

En 1895, à Paris, on rétablit la version primitive en trois actes.

Examinons l'œuvre au point de vue musical :

Dès l'ouverture Chabrier accuse sa personnalité. Elle est écrite dans un seul mouvement (allegro con fuoco) et débute par un motif emprunté au chœur des pirates danois : « Nous sommes les grands loups. »

3

Ces Danois sont le cadre de *Gwendoline*; c'est à travers leurs cris de victoire, leur lutte, leurs appels lorsqu'ils sont trahis, leur désespoir et leur agonie, que se déroule le drame.

Les pressentiments de la jeune Saxonne, sa terreur et sa pitié immédiatement exprimés, à propos des farouches guerriers, fait de ceux-ci le prétexte fourni au musicien pour peindre et caractériser.

Le motif des Danois est donc justement le motif principal de l'ouverture.

On y entend, tantôt alternant avec le thème des Danois, tantôt se superposant à lui, deux phrases du duo d'amour, l'air de la pitié de Gwendoline très développé d'abord par la clarinette, réapparaissant ensuite écourté pour faire place au thème d'Harald définitivement vainqueur. Le thème du *Walhalla* termine cette page avec éclat.

M. E. Reyer a écrit à propos de l'ouverture de *Gwendoline* :

« Sur ce rythme persistant (le thème des Danois) se déroule une phrase, une plainte amoureuse (l'air de Gwendoline) qui éclaire d'un doux rayon la teinte sombre et farouche du tableau. Ainsi a fait Berlioz dans sa belle ouverture des *Francs-juges.* »

Je n'ai pu m'empêcher de citer cette phrase du maître de *Sigurd* parce que c'est la seule fois que j'aie vu le nom de Berlioz à propos de Chabrier et que je ne puis m'empêcher d'être étonné qu'on ne l'ait pas cité plus souvent.

Le premier acte de *Gwendoline* a toujours paru plus wagnérien que le second. La comparaison inévitable avec le *Vaisseau fantôme* produit sans doute cette impression. Pourtant l'accompagnement du chœur des jeunes filles saxonnes est du plus pur Chabrier.

Au moment où le vieil Armel (1) s'entretient avec Gwendoline, on entend pour la première fois le thème d'Harald succédant à celui de Gwendoline.

La jeune fille, après le départ de son père, chante *la légende* basée sur le motif danois. C'est ce morceau qui avait été exécuté au concert Lamoureux. Moins bien chanté à

---

(1) Ce rôle de vieillard est écrit pour ténor et celui d'Harald pour baryton.

Bruxelles, il fut cependant applaudi comme il l'avait été à Paris.

Pour l'arrivée des pirates, Gwendoline crie des *Héhéyo* qui peuvent encore une fois provoquer le souvenir de Wagner, mais là aussi l'impression est causée par le librettiste et non par le musicien.

Le chant des Danois et celui d'Harald sont des morceaux superbes de violence. Quant à ceux qui suivent, où l'auteur a peint l'amour naissant dans le cœur du chef danois, sa stupéfaction et son hébétude, ce sont des pages exquises pouvant soutenir la comparaison avec les plus belles qui soient. Et le duo de la séduction n'est en rien inférieur à ce qui précède. On ne peut mettre plus de charme et de poésie dans cette longue scène où la brutalité d'Harald succombant au contact de Gwendoline a été traduite par Chabrier avec un sens du théâtre incroyable.

Il a fait vivants ces deux personnages ébauchés dans le livret et il les a fait dialoguer avec la plus délicate subtilité.

A la fin de l'acte, lorsque le vieil Armel expose le projet de sa vengeance, un nouveau thème apparaît à l'orchestre, le thème de la trahison.

Le second acte n'est pas moins brillant que le premier, mais il y a dans le second plus de passion et moins de fougue et à cause de cela plus de grandeur sereine.

Le prélude, joué si souvent depuis dans les concerts, indique cette nuance entre la première et la seconde partie de l'œuvre.

Celle-ci est presque entièrement remplie par deux morceaux d'une inspiration très élevée : l'épithalame et le duo d'amour, dont on a dit avec raison qu'ils suffisent pour classer *Gwendoline* parmi les plus indiscutables chefs-d'œuvres de la musique dramatique.

Le troisième acte est précédé d'un court prélude qui exprime la fuite éperdue des Barbares. Puis l'agonie de Gwendoline et d'Harald, beaucoup trop longue dans le livret, est un prétexte pour le musicien de reprendre tous les leitmotiv, retraçant ainsi les différentes phases du drame.

Cet emploi constant du leitmotiv que tous les compositeurs ont adopté depuis

Wagner, le livret de M. Mendès où il est question, comme si c'était indispensable, de la *Walkyrie* et du *Walhalla*, firent que la partition de Chabrier fut proclamée wagnérienne avant même qu'on eût pris la peine de l'étudier complètement.

Heureusement pour l'honneur de la critique, les auteurs des principaux comptes-rendus surent y voir autre chose. J'ai déjà nommé M. Ernest Reyer qui proclama la complète indépendance de Chabrier :

« Il prend à Wagner ses superpositions d'accords, ses retards, ses prolongations, ses dissonances non préparées souvent, toutes les hardiesses, toutes les licences que deux mouvements contraires peuvent justifier ; il lui prend ses systèmes harmoniques, avec les complications rythmiques qui en découlent, je le veux bien ; il se sert aussi de la phrase typique, du leitmotiv, c'est évident ; mais il laisse au novateur allemand ses longs récits, ses interminables mélopées et, tout en conduisant son œuvre, lui aussi, scène par scène, il ne dédaigne pas l'étiquette qui sert à préciser le caractère de chaque morceau : chœur, légende, duo, épithalame, etc. » (1)

Beaucoup plus tard M. G. Destranges, dans une étude sur *Gwendoline* (2), concluait en accordant à Chabrier une légèreté, une fraîcheur inconnue au maître de Bayreuth. Ajoutons aussi que la variété d'inspiration de l'auteur de *Gwendoline* est incomparable.

A Bruxelles, *Gwendoline* réussit complètement.

Quelques jours avant la première, Chabrier avait fait entendre sa partition en présence de nombreux artistes et journalistes réunis dans les salons du peintre Constantin Meunier ; le succès très vif obtenu par le compositeur faisait prévoir que la représentation serait bonne. Le succès fut immense et Chabrier fut ramené deux fois sur la scène aux acclamations de la salle.

Gwendoline avait été bien montée : l'orchestre sous la direction de M. Joseph Dupont, fut parfait et des trois interprètes,

____

(1) Ernest Reyer : Feuilleton des *Débats*, du 18 Avril 1886.

(2) Chez Fischbacher, 1904.

deux, M. Berardi et M. Engel furent excellents.

Mlle Thuringer qui s'était chargée du rôle de Gwendoline, manquait d'émotion et sa voix n'était pas tout-à-fait suffisante pour un pareil rôle.

M. Berardi, au contraire, doué d'un organe exceptionnel et chanteur sûr de lui, soutint avec vaillance le personnage d'Harald.

Le rôle d'Armel est moins important, M. Engel y apporta les plus rares qualités. L'épithalame du second acte fut chanté par lui avec émotion.

La critique fut très élogieuse. Il y eut unanimité pour s'étonner qu'un compositeur de cette valeur ait pu rester si longtemps ignoré et n'ait pas trouvé l'occasion de se produire à l'Opéra.

L'Académie de musique ne devait monter *Gwendoline* qu'en 1893. D'ici là d'autres malchances devaient entraver pour Chabrier la représentation de ses œuvres dramatiques.

Ce fut d'abord au lendemain de la première de *Gwendoline*, la fermeture du théâtre de la Monnaie. Le directeur qui avait donné des preuves de hardiesse et d'intelligence, mal secondé par le Conseil municipal de Bruxelles, était obligé de déposer son bilan et de fermer son théâtre avant la fin de la saison.

Chabrier était désolé mais non découragé ; il se remit à nouveau en quête d'un livret.

Je mentionne ici la publication d'une charmante mélodie, *Chanson pour Jeanne.* Le librettiste de *Gwendoline*, en avait fait les paroles et M. Engel auquel elle est dédiée, l'interpréta.

Cependant, parmi les amis de Chabrier, beaucoup voulaient le ramener à la musique gaie. On se souvenait du succès de l'*Etoile* et puis son caractère se prêtait à de tels conseils. Il était toujours d'une gaieté folle et entre deux histoires désopilantes, savait s'épancher au piano pour la grande joie de ses invités ou celle de ses amis, M. Enoch, Ch. Lamoureux ou Victor Wilder.

Qui n'a pas vu et entendu Chabrier à ces soirées, ne peut se faire une idée de sa verve.

Quand on songe que ce fervent de Wagner avait improvisé un quadrille sur *Tristan* et *Yzeult*, on comprend que ses auditeurs aient pu lui conseiller de revenir à la bouffonnerie.

D'autres, entraînés par le succès de *Gwendoline*, voulaient qu'il se maintînt dans le genre sérieux.

Chabrier songea tout naturellement à l'opéra-comique où il pourrait présenter une œuvre où les deux genres s'amalgameraient en lui permettant de montrer toutes les faces de son génie inventif.

Une fois de plus on lui donna un mauvais livret : *Le Roi malgré lui.*

MM. de Najac et Burani avaient trouvé dans le théâtre médiocre d'Ancelot une pièce fade dont il était difficile de déterminer le genre, et ils l'avaient arrangée sans même en changer le titre.

La comédie d'Ancelot avait deux actes joués sur le théâtre du Palais-Royal en 1836.

Voici le sujet :

Henri de Valois placé par la volonté de sa mère, Catherine de Médicis, sur le trône de Pologne, s'ennuie et voudrait retourner en France. Il apprend que les Polonais conspirent contre lui et, naturellement s'en réjouit, puisque son départ peut résulter de la conspiration.

Le roi imagine alors de se faire présenter aux conjurés sous le nom de son ami Nangis et de leur promettre de leur livrer le roi.

Nangis est donc pris pour le roi et le roi pour Nangis.

Mais les Polonais dépassent les espérances de Henri de Valois et décident sa mort. Heureusement Nangis s'évade grâce à l'intervention d'une jeune fille, Minka. Henri a pu s'échapper, lui aussi, lorsqu'il est rejoint par des amis trop désireux de lui conserver la couronne de Pologne. Il est donc roi malgré lui.

MM. de Najac et Burani firent trois actes en donnant au rôle de Nangis une importance qu'il n'a pas dans la version primitive et en créant de toutes pièces le rôle de Fritelli, rôle exécrable de seigneur italien intrigant et poltron.

Ce livret est insignifiant au point d'être anti-musical ; le public le plus attentif ne peut prendre les situations au sérieux quelles que soient les beautés de la partition.

La poésie y est maltraitée et pourtant un

poète de grand talent remania, au dernier moment, les passages les plus mauvais. Cela faisait quatre auteurs pour fournir au compositeur une tâche compliquée et ardue.

La partition de Chabrier révèle une puissance d'orchestration qui suffit à mettre un peu d'unité dans cette œuvre où se heurtent le genre opéra et le genre opéra-comique.

Le rôle de Fritelli fut, on peut le dire, sauvé par le musicien et l'interprète M. Fugère, et encore j'avoue ne pas beaucoup goûter les couplets du premier acte vraiment trop vieux jeu.

Ceux du dernier acte sont dans le même goût, mais franchement gais avec une variété d'expressions musicales où se reconnaît Chabrier.

L'entrée de Minka et l'entrée du roi, au premier acte, sont des pages de premier ordre.

Il y a au second acte une chanson de Minka, jolie romance, vibrante, enlevée, qui fut éditée depuis avec les meilleures mélodies de l'auteur. Enfin, au dernier acte, le duo entre Nangis et Minka suffirait à assurer le succès d'une œuvre.

Minka croit Nangis perdu quand celui-ci apparaît tout à coup. La joie éclatante de Minka est rendue par le musicien avec une force et une adresse merveilleuses et le duo tout entier est un chef-d'œuvre.

L'interprétation du *Roi malgré lui* était très bonne avec Bouvet dans le rôle du roi, Delaquérière dans celui de Nangis.

Fugère fut étonnant dans Fritelli.

Mme Isaac qui chantait Minka était une comédienne expérimentée, douée d'une voix chaude dont elle se servait avec une aisance superbe. Elle insista beaucoup auprès de Chabrier pour faire augmenter les difficultés vocales de son rôle et celui-ci se laissa faire, de telle sorte qu'il rendit le rôle extrêmement difficile à chanter pour tout autre que Mme Isaac qui, du reste, y fut parfaite.

Sans déchaîner un enthousiasme comparable à celui qu'avait provoqué *Gwendoline*, le succès du *Roi malgré lui* aurait permis un assez grand nombre de représentations, mais l'incendie de l'Opéra-Comique (1) survenu

---

(1) On raconte que le lendemain de la catastrophe, on vit Chabrier cherchant sa partition au milieu des décombres.

huit jours après la première, les interrompit.

Le 18 novembre de la même année (1887) la troupe de l'Opéra-Comique installée provisoirement au théâtre des Nations, place du Châtelet, reprit le *Roi malgré lui*.

L'auteur fit subir quelques modifications à son œuvre, supprima certains passages qui faisaient longueur, entre autres le grand ensemble de la conspiration du deuxième acte, qui était pourtant d'une très belle facture mais ne se trouvait pas absolument en situation.

On sait en effet que Chabrier avait voulu allier dans *Le Roi malgré lui* la bouffonnerie au drame lyrique de grande allure.

La faiblesse du livret ayant fait paraître cette deuxième manière trop accentuée et embrouillée, il était juste que le musicien s'attachât, au moment de cette reprise, à mettre la première plus en évidence en pratiquant quelques coupures.

C'est ce qu'il fit.

Certaines parties comme la valse vertigineuse qui ouvre le deuxième acte furent plus remarquées qu'elles ne l'avaient été à la première.

Un rôle, celui de la duchessse, avait été chanté d'une façon tout-à-fait insuffisante par l'actrice qui l'avait créé. On le confia à Mlle Chevalier qui s'en tira à ravir.

En somme cette seconde exhibition du *Roi malgré lui* lui fut très favorable, mais le malheur poursuivait Chabrier : Mlle Isaac quitta brusquement le théâtre. Comme personne ne pouvait la remplacer dans le rôle de Minka à cause des nombreuses difficultés dont Chabrier l'avait surchargé pour être agréable à son interprète, la pièce fut encore une fois interrompue en plein succès.

Jouée plus tard à Karlsruhe (2 mars 1890), à Dresde (26 avril 1890), à Munich (mai 1890), à Cologne (1891), à Toulouse (mars 1892), la musique en fut toujours très goûtée. Si bientôt le directeur de l'Opéra-Comique songeait à une reprise du *Roi malgré lui* et que la pauvreté du livret lui donnât des craintes sérieuses pour la réussite de son entreprise il y aurait peut-être moyen de remanier ce livret, de le modifier sans toucher à la partition, de le rendre au moins supportable.

1888-1890

**Mélodies — Joyeuse Marche — Concerts en province
— Suite pastorale — Voyage en Allemagne —
Ode à la musique — Mort de C. Franck**

Après *España* Chabrier était célèbre ; au moment du *Roi malgré lui*, c'était une des figures les plus connues du monde des artistes parisiens.

A la Membrolle il vivait en solitaire, à Paris, au contraire, il était de toutes les réunions. Musiciens, littérateurs, peintres, tous connaissaient Chabrier, à tous il était sympathique.

Le pardessus jaune, reproduit par M. E

Detaille dans son amusant dessin (1), était célèbre sur les boulevards.

Plus gai que jamais, Chabrier prodiguait cette gaieté à ses nombreux amis et c'étaient des exclamations : « Ah ! bonnes gens ! ah ! ma mie ! », ne marchandant pas plus l'éloge que le blâme avec une franchise que rien n'aurait pu désarmer.

Si on lui soumettait une œuvre d'art, ou si un jeune compositeur lui demandait un conseil, sa réponse spontanée contenait tous les sentiments qu'on peut, en pareil cas, attendre et elle les exprimait tous à la fois. On le sentait affectueux, joyeux, franc, précis, érudit et s'il s'agissait de musique, savant et sûr de lui.

Les réunions d'autrefois s'appelaient maintenant « Le petit Bayreuth » et s'étaient augmentées de quelques nouveaux venus. MM. Camille Benoît, Hamperdik, Rubinstein. L'appartement de Chabrier — il demeurait alors avenue Trudaine — était rempli de tableaux qui prouvaient le modernisme de leur possesseur. Cette petite collection

____

(1) Numéro de la *Revue Illustrée* du 15 Juin 1887.

contenait d'excellentes toiles de Manet, Monet, Renoir et Sisley.

On a dit avec raison (1) que chaque numéro du catalogue Emmanuel Chabrier marquait une date dans l'histoire de l'art. Ces toiles restent aussi comme une preuve de l'enthousiasme de Chabrier, attestant ses amitiés. Pour ceux qui savent sa liaison avec Manet, ce sont des souvenirs mélancoliques. Manet mourut dans les bras de Chabrier qui devait, lui aussi, s'en aller à cinquante-deux ans avec une œuvre inachevée.

Une composition assez intéressante se place ici chronologiquement ; il s'agit d'un *duo de l'ouvreuse de l'Opéra-Comique* et *de l'employé du Bon-Marché* intercalé dans une revue qui fut jouée chez Mme Fuchs en 1888. On y trouve notamment, raconte M. Brussel dans l'article que j'ai cité, des effets vocaux très réjouissants sur les mots Carvalho et Boucicaut. Ce duo est resté inédit.

Les artistes du genre de Chabrier ne sont guère connus en dehors de Paris, au moins au début de leur célébrité ; la province les ignore complètement.

(1) André Maurel : Préface du Catalogue.

Il faut cependant faire exception en faveur d'une ville de province qui, au point de vue musical, se maintient depuis de longues années à un niveau très élevé. C'est Angers dont l'*Association artistique* est bien connue des compositeurs parisiens.

Fondée en 1875, l'*Association artistique* d'Angers mérite d'ajouter son nom aux grandes sociétés musicales fondées vers la même époque. Elle possède un orchestre excellent et les meilleures compositions de notre temps y ont été exécutées.

Le 24 octobre 1884, c'est-à-dire moins d'un an après qu'elle avait été jouée à Paris, *España* le fut à Angers, sous la direction de Chabrier.

Sa rapsodie retrouva auprès du public angevin le succès qui l'avait accueillie aux concerts Lamoureux. Le journal de l'*Association artistique* (Angers-Revue) donna une analyse parfaite de l'œuvre et constata que le public ayant bissé *España*, la seconde exécution fut encore meilleure que la première et se termina par une ovation chaleureuse pour Chabrier.

Celui-ci devait en garder le souvenir, car

le 4 novembre 1888 il revenait à Angers avec de l'inédit.

Cet inédit se composait d'une *Marche française,* de *Habañera* et de la *Suite pastorale.*

La *Marche française* et *Habañera* (celui-ci déjà publié pour piano) sont des morceaux du genre d'*España,* avec moins de couleur et autant de recherches, fantaisies de rythmes, fantaisies d'harmonies, emploi fantaisiste des instruments. Les parties de cymbales, de grosse caisse et de triangle sont, dans la *Marche française,* de la plus haute importance.

Chabrier donna cette Marche aux Concerts Lamoureux le 16 février 1890, mais il fut forcé d'en changer le titre. Un auteur d'une *Marche française* antérieure à celle de Chabrier, réclama et *Marche française* devint *Joyeuse marche.*

La *Suite pastorale* se compose de quatre morceaux publiés pour piano dans les *Pièces pittoresques* : Idylle, Danse villageoise, Sous bois et Scherzo-valse, arrangés pour orchestre.

On sait que pour ses premiers essais d'orchestration, Chabrier s'était servi des

Pièces pittoresques et que ce travail n'était pas très satisfaisant.

Chabrier fit-il subir des modifications aux quatre pièces qui devaient composer la *Suite pastorale* lorsqu'il les présenta à l'*Association artistique* d'Angers, ou conserva-t-il son orchestration d'autrefois ? Fut-il mécontent de son œuvre après l'exécution à l'orchestre ? Ou préféra-t-il la conserver exclusivement pour le piano ? C'est ce que nous ne pouvons savoir aujourd'hui.

Dans tous les cas, cette *Suite pastorale* qui avait eu un succès plus qu'honorable à Angers ne fut jamais présentée à un public parisien.

Le concert donné à Angers se terminait par une deuxième audition d'*España* que l'*Association artistique* a fait entendre souvent depuis, ainsi que d'autres morceaux importants, comme le prélude de *Gwendoline* (2ᵉ acte)... etc.

Chabrier qui, à Paris, n'aimait pas beaucoup conduire devant le public prit goût sans doute à ces concerts provinciaux, car le 17 mars suivant nous le voyons à Bordeaux. Cette fois il s'agissait non seulement de la direction de ses œuvres mais il accompagnait encore au piano deux chanteurs de l'Opéra-Comique, M. Frédéric Boyer et Mme Rose Delaunay.

Le Roi malgré lui fit presque exclusivement les frais du programme. M. Boyer, accompagné par l'auteur, chanta l'*Entrée du roi* et la *Chanson française*. Mme Delaunay également accompagnée par Chabrier chanta la chanson tzigane. Puis les deux artistes chantèrent le *duo barcarolle*.

Pour terminer le concert, Chabrier dirigea la *Fête populaire*, puis *Habañera* et bien entendu *España*.

Au printemps de 1889, Chabrier partit pour l'Allemagne et fit un séjour de plusieurs semaines à Carlsruhe où il se lia avec Félix Mottl.

Le célèbre chef-d'orchestre a dit dans une interwiew toute son admiration pour Chabrier, admiration qui s'explique aisément, M. Mottl ayant, avant de connaître Chabrier, une préférence marquée pour la musique française, surtout pour Berlioz qu'il entreprit de faire connaître à toute l'Allemagne ; il a réussi dans cette entreprise qui fut pour lui une préparation excellente pour goûter Chabrier.

M. Mottl est non seulement une exception en Allemagne comme chef-d'orchestre quant à son intelligence de la musique française, mais il est probable qu'un musicien français n'eût pas mieux orchestré la *Bourrée fantasque* qu'il ne le fit plus tard.

Les deux amis préparèrent ensemble les représentations de *Gwendoline* qui commencèrent le 3o mai 1889 et obtinrent un franc succès. Les plus importants théâtres de l'Allemagne s'empressèrent aussitôt de monter l'opéra de Chabrier qui réussit successivement à Leipzig (14 février 1890), à Dresde (5 juillet 1890), à Munich (20 novembre 1890) et à Dusseldorf en 1891.

Le Roi malgré lui suivit bientôt et l'auteur revint à cette occasion à Carlsruhe.

Chabrier avec son air bon enfant, son naturel exquis, s'amusait de tout ce qui était nouveau pour lui. Il fit durant ces séjours en Allemagne comme il avait fait en Espagne, comme il faisait à Paris, sans s'occuper de l'effet produit par sa silhouette originale.

On se le montrait marchant à côté de la

musique militaire en battant la mesure ou en chantant. A la Cour, où on le recevait volontiers, on rit encore de son langage où les quelques mots allemands qu'il s'était appliqué à retenir étaient placés plus ou moins heureusement dans ses phrases françaises.

On cite même quelques énormités qu'il lançait fort innocemment, désireux seulement de prouver ses progrès dans la langue allemande.

M. Mottl, intarissable quand il s'agit de Chabrier, a raconté l'histoire du restaurant où un portrait de Bismarck se trouvait placé juste en face de Chabrier. Un soir que Mottl tournait le dos au fameux chromo, Chabrier lui glissa dans l'oreille : « Mon ami, veuillez changer de place avec moi, cette tête-là me coupe l'appétit. »

Quelques mois après, toujours en 1889, il revint en Allemagne pour assister aux représentations de Bayreuth.

On donnait *Parsifal*, *Tristan et Yzeult* et *Les Maîtres chanteurs*.

Quelques heures après son arrivée à Bayreuth, tout le monde connaissait Chabrier d'autant mieux qu'il avait adopté un bonnet de coton, seule coiffure vraiment pratique, disait-il, puisqu'il pouvait la porter à tout moment, au lit, à table, en chemin de fer, au théâtre.

Il revint de Bayreuth aussi enthousiasmé de Wagner qu'il l'avait été lors de son premier voyage à Munich et se remit avec ardeur au travail.

Ce fut alors qu'il composa ses mélodies les plus jolies et les plus curieuses, celles qui ont fait regretter qu'il n'ait jamais entrepris une œuvre bouffe importante.

A la vérité, Chabrier n'attacha jamais une très grande importance à ces compositions. Il écrivit ces mélodies avec le même soin qu'il avait mis à écrire les pièces pour piano, ni plus ni moins.

La vilanelle des petits canards, la *ballade des gros dindons*, la *pastorale des cochons roses* sont d'exquises mélodies, mais l'*Ile heureuse* et *les Cigales*, parues en même temps, le sont également.

Avec les unes et les autres Chabrier s'est montré ce qu'il était, compositeur génial dépassant de beaucoup le poète qu'il traduisait musicalement.

3

Il est certain cependant que ces poèmes de M. Rostand sont bien dans le goût de Chabrier.

Il est gai avant tout et sa musique est trop l'expression de son tempérament pour que les sujets amusants n'aient pas été ceux qu'il a traités le plus facilement.

Je l'ai dit, à propos de *Gwendoline*, on doit reconnaître qu'un thème puisé dans Rabelais (comme Chabrier en eut un instant l'idée) aurait pu donner un résultat infiniment plus nouveau, plus original, que la soumission complète de Chabrier aux banalités romantiques ou aux vaudevilles qui lui furent invariablement proposés.

Mais il faut se défier d'une affirmation en ce sens qui pourrait faire supposer que sa conception admirable de la musique élevée a pu s'en trouver amoindrie ou incomplètement réalisée.

Il ne faut pas non plus exagérer l'importance des trois mélodies citées plus haut et s'en servir comme d'une indication concluante en faveur de la thèse qui ne veut voir en Chabrier que le génie de la blague musicale.

Disons, pour en finir avec cette question de Chabrier et la musique bouffe, que les *petits canards*, les *gros dindons* et les *cochons roses* sont des mélodies très réussies et que les *blagues* du même genre ne furent jamais, avant Chabrier, traitées aussi habilement.

Quant au genre dramatique que l'auteur de l'*Etoile* eût pu créer, son idée de s'inspirer de Rabelais prouve qu'il a songé très sérieusement à une œuvre de bouffonnerie grandiose. La maladie est venue trop tôt interrompre ses travaux et ses projets.

Son tort fut de s'arrêter un peu trop souvent aux conseils de ceux-ci et de ceux-là. S'il s'était plus simplement confié à son génie, un jour ou l'autre la fusion se serait faite tout naturellement entre ses moyens et ses véritables aspirations.

A la liste des mélodies déjà citées, il faut ajouter *Toutes les fleurs* et l'*Ile heureuse* ; cette dernière est écrite sur une poésie d'Ephraïm Mikaël (1) qui, en collaboration

---

(1) Ephraïm Mikaël : né à Toulouse le 26 juin 1866, mort à 24 ans, participa au mouvement symbolique ; a laissé, en dehors de *Briséis*, un volume de vers, l'*Automne* et une féerie en un acte et en vers, *Le Cor fleuri* qui fut jouée au Théâtre libre.

avec Mendès, prépara un drame en trois actes, *Briséis*, dont Chabrier voulut écrire la musique presque aussitôt, car le théâtre le préoccupait toujours.

Une revue, la *Revue d'aujourd'hui*, lui demanda même de collaborer comme critique musical ; Chabrier refusa et exposa dans la lettre qui suit, adressée au directeur de la revue, les motifs de son refus.

Janvier 1890.

Hélas ! non, mon cher ami, je ne puis être votre collaborateur mensuel. Cela me préoccuperait beaucoup, aurait peu d'intérêt, ne servirait à rien et me pourrait créer mille ennuis.... inutiles. Huit jours avant de l'écrire, j'aurais devant les yeux le spectacle de ce diable d'article.

Enfin, et sans profit pour personne, cela me sortirait de mon petit enclos musical, où je vis mal, mais que j'aime tant.

Toutefois (car c'est surtout la périodicité qui m'effraie — qui *m'agace* un peu — cette copie à l'heure dite) je ne demande pas mieux, mais alors en irrégulier, en tirailleur, que de vous apporter quelque chose de temps en temps et alors c'est moi qui viens vous dire que je serais très heureux d'être accueilli par vous. Mais ce que je ne désire pas, c'est d'être ponctuel chaque mois. Quant à votre ballet, c'est tout autre chose ; faites-moi connaître les heures où vous êtes libre et je prendrai connaissance du scenario ; je ne pourrai pas immédiatement me mettre à la besogne, mais si cela vous va, je vous promets volontiers pour octobre, car je ferai cela en été à mes moments de liberté entre deux scènes hautaines de *Briséis*. Si cela vous semblait trop lointain, dites-le moi, je ne vous en voudrais nullement.

J'attends quelques mots de réponse, vous remercie très sincèrement ;d'avoir pensé à moi et vous envoie une amicale poignée de main.

Emmanuel CHABRIER.

P. S. — 3 heures.

Cher ami, justement on me remet votre lettre et le titre que vous me proposez « *Lettres confidentielles sur la musique* » me semble d'une ironie amusante comme tout ; ce titre en tête, un bon article en bedon, et ma signature en coda, ça ferait peut-être un rude effet......

Cependant un ami de Chabrier et de M. Rostand, M. J. Griset, donnait à la fin de l'année (1890) une soirée privée pour inaugurer une nouvelle demeure où l'on prenait l'engagement de faire beaucoup de musique.

Chabrier composa alors une *Ode à la musique*, chœur pour voix de femmes avec solo, poésie de M. Rostand.

Ce chœur, exécuté chez M. Griset, doit avoir une place à part dans l'œuvre de l'auteur. Jamais ce fougueux et exubérant Chabrier ne se montra plus calme et plus attendri.

L'*Ode à la musique* fut exécutée au Concert Colonne le 23 mars 1891 avec Mme Leroux-Ribeyre.

Je ne sais ce que fut cette audition qui ne surpasse certainement pas celle donnée le 23 janvier 1908 à la salle de la Société de Photographie par M. Engel et Mme Bathori.

Le concert était entièrement consacré à Chabrier et le programme composé avec un soin tout particulier.

L'*Ode à la musique* fut chantée par les élèves de Mme Bathori qui s'était réservé le solo. M. Reynaldo Hahn conduisait le chœur. On ne pourrait rêver une exécution plus parfaite. Dans une composition de ce genre, Chabrier sait être réservé sans rien perdre pour cela de sa sincérité. Sa joie souvent excessive se fait là de familiarité douce et affectueuse.

Tout cela était rendu de la façon la plus complète ; le caractère intime du morceau se trouvait mieux traduit sur cette petite scène qu'il ne l'aurait été dans une grande salle comme celle du *Châtelet*. Et le reste du concert fut à l'avenant.

M. Engel interpréta la *Chanson pour Jeanne, Toutes les fleurs, les Gros dindons*, la *Pastorale des cochons roses*, en artiste ayant vécu dans l'intimité de l'auteur, c'est-à-dire apte à traduire les moindres nuances de ces compositions.

Quant à Mme Bathori on ne sait ce qu'il faut le plus louer de son intelligence, de son sens musical, de sa science accomplie de cantatrice ou de son charmant talent de pianiste.

Quand Mme Bathori chante en s'accompagnant l'*Ile heureuse* ou le *Lied* on a la sensation que c'est ainsi et non autrement que doit être interprété Chabrier, c'est-à-dire avec entrain et simplicité.

Mais tout ceci est récent et il nous faut revenir à cette année 1890 qui se termina par par un évènement considérable dans l'histoire de la musique française : le 8 novembre, César Franck succombait des suites d'une pleurésie. Il était âgé de 68 ans.

On sait ce que furent ses obsèques où le ministre, l'administration des Beaux-Arts et le Conservatoire ne daignèrent pas se faire représenter. Il n'y eut autour du cercueil du maître que ses amis, ses élèves et la Société nationale.

Chabrier fut désigné par les membres de la Société nationale pour prendre la parole en leur nom. Il se tira admirablement de cette tâche difficile. Je regrette de ne pouvoir citer que la péroraison de son remarquable discours :

« Adieu, maître, et merci, car vous avez bien fait ! C'est un des plus grands artistes de ce siècle que nous saluons en vous ; c'est aussi le professeur incomparable dont le merveilleux enseignement a fait éclore toute une génération de musiciens robustes, croyants et réfléchis, armés de toutes pièces pour les combats sévères souvent longuement disputés ; c'est aussi l'homme juste et droit, si humain et si désintéressé, qui ne donna jamais que le sûr conseil et la bonne parole. Adieu !.... »

Le pauvre artiste, l'aimable et bon Chabrier ! Il ne devait survivre que peu d'années au maître qu'il saluait si éloquemment.

1891-1894

La Bourrée fantasque — Dernières compositions — Maladie et Mort de Chabrier

En 1891 l'auteur d'*España* revient un peu à la musique de piano et compose successivement un assez grand nombre de pièces dont la *Bourrée fantasque*, publiée au mois de septembre 1891. Elle est dédiée à M. Edouard Risler qui la joua plusieurs fois dans différents concerts.

La Bourrée fantasque est certainement le morceau qui caractérise le mieux la manière de Chabrier. La mélodie jaillit dans la *Bourrée* avec la même abondance que dans *España*.

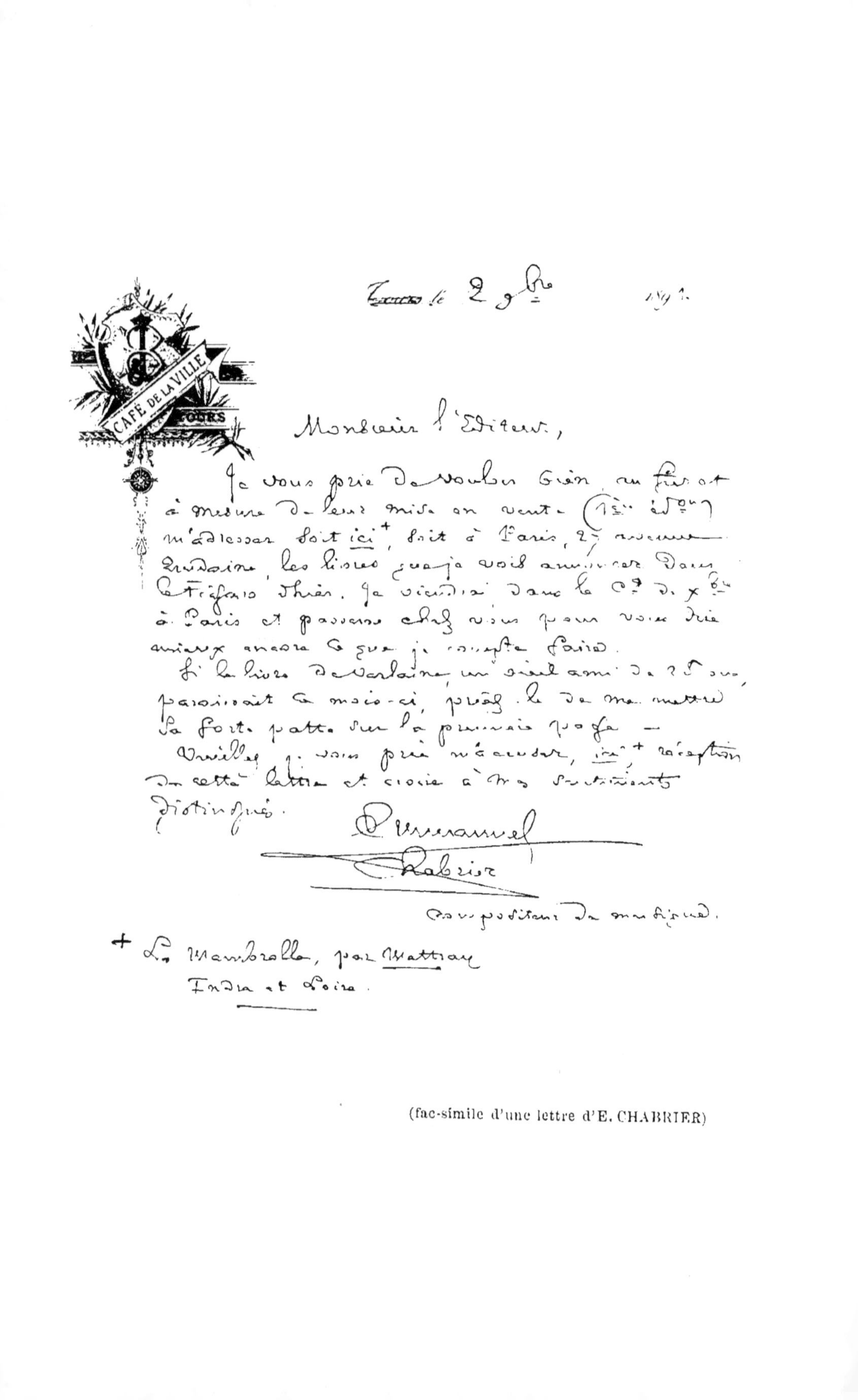

(fac-simile d'une lettre d'E. CHABRIER)

Peut-être le souci du détail est-il, dans la *Bourrée*, un peu trop observé ; mais ce défaut est-il un défaut chez Chabrier où chaque détail est un amusement ?

Cette extraordinaire *Bourrée fantasque* a été orchestrée par M. Mottl.

Il est quelquefois dangereux de transcrire un morceau aussi réussi que celui-là. Mais M. Mottl a compris depuis longtemps Chabrier comme peu de musiciens l'ont compris. Sa transcription est très favorable au morceau et ce fut un grand succès pour M. Mottl lorsqu'il conduisit lui-même la *Bourrée* à Paris, en mai 1898, avec un entrain qui rappelait celui de Chabrier.

La Bourrée fantasque est le dernier morceau de Chabrier publié par lui. C'est au printemps de 1892 qu'il sentit les premières atteintes de la maladie dont il devait mourir.

Des troubles nerveux s'emparèrent du malheureux artiste, disparurent pour revenir plus violents et ce furent deux années de tourments et de crises pendant lesquelles ses facultés s'en allèrent peu à peu.

Cette maladie dont la bizarrerie ne permit jamais de la définir complètement avait pour causes apparentes d'abord le travail énorme que Chabrier s'était imposé tardivement. Il y a dans tous les métiers une grammaire, des principes auxquels il faut s'initier de bonne heure. L'âge de la production n'est plus celui de l'éducation et de l'initiation.

Très nerveux et très volontaire, Chabrier voulut tout apprendre du métier qu'il adorait et de fait il sut tout ce qu'il devait savoir. Son inaltérable gaieté était la compensation de son effort. Mais cette compensation même usait ses forces nerveuses par la fréquence des instants où il était obligé d'y recourir.

A tout cela vinrent s'ajouter les quelques déboires qu'un artiste de cette valeur doit forcément subir et que sa sensibilité grossit démesurément. Il voulait être joué à l'Opéra. On lui promettait toujours la première de *Gwendoline* et ce ne fut que le 27 décembre 1893 que l'Académie nationale de musique se décida à la donner.

Les amis de Chabrier cherchaient par tous les moyens à adoucir la peine que lui causait ce continuel retard. La Société nationale faisait exécuter d'importants fragments de *Gwendoline* dont Charles Lamoureux faisait jouer l'ouverture à ses concerts sans oublier *España*.

Ces attentions et les bons soins dont il était entouré ne parvenaient pas à remettre sur pieds le pauvre compositeur qui, bientôt incapable de travailler, comprenant que sa maladie s'aggravait, ne se préoccupait plus que de questions d'hygiène, de régimes et de remèdes.

Tout à coup il disparut des milieux où on le voyait habituellement. A un ami qui voulait le ramener, pour le distraire, aux réunions du *Petit Bayreuth*, il répondit ce mot navrant : « Je suis malade et, comme les animaux, je me cache. »

Le 7 mars 1893 il écrit à ses amis de Tours, M. et Mme Perny : « Nous irons à la « Membrolle passer quelques jours chez la « bonne maman ; les jeunes gens viendront « avec nous. Aussitôt arrivé, après avoir « embrassé la grand-mère que j'aime tant, je « file à Tours, comme un zèbre, je cours chez « mes chers Perny que je serai si heureux de « revoir (et eux aussi). Ma femme vous envoie « ses plus affectueux compliments. Votre « Emmanuel Chabrier. »

4

Et il passa encore une grande partie de l'été à la Membrolle.

La nouvelle de *Gwendoline* annoncée à l'Opéra pour la saison 93-94 vint un peu le réconforter ; les témoignages d'affection et d'admiration redoublèrent. Les principaux journaux de Paris annoncèrent la première de *Gwendoline* par d'importants articles biographiques et bibliographiques. Quelques jours avant la représentation, j'étais au Cirque d'hiver où Lamoureux conduisait l'ouverture de *Gwendoline*. Après l'exécution du morceau, le public témoigna de sa satisfaction par des bravos prolongés. Lamoureux, alors se retourna et désigna de son bâton Chabrier qui assistait au concert.

Une ovation spontanée le força de se lever ; l'orchestre applaudissait. Il salua, remercia d'un geste ses interprètes, mais ce n'était plus le Chabrier remuant et épanoui que tous les musiciens de Paris avaient connu autrefois. L'œil terne, les joues creuses, il souriait tristement devant le flot de sympathie qui venait vers lui.

A la répétition générale de *Gwendoline*,

la même scène se reproduisit plus déplorable encore.

Fatigué par l'audition, Chabrier oubliait, à certains moments, que cette œuvre était la sienne. Il disait : « C'est bien, c'est très bien », comme s'il se .fût agi de l'opéra d'un autre. A la fin de la répétition, le public enthousiasmé cria : « l'auteur ! » Chabrier se pencha sur le bord de sa loge, voulut parler et, dans l'impossibilité de trouver ses mots, il mit ses deux mains sur son cœur, exprimant de son mieux sa reconnaissance.

La première eut lieu le 27 décembre 1893. *Gwendoline* réussit... une fois de plus.

En se plaçant au point de vue général de l'interprétation, l'œuvre ne fut pas mieux montée qu'à Bruxelles et il y eut quelques critiques pour désapprouver avec raison un ralentissement exagéré des mouvements qui diminua l'effet de certains passages.

M. Renaud qui chantait Harald manqua, comme l'orchestre et les chœurs, de brutalité ! M. Vaguet, excellent dans le vieil Armel, ne surpassa pas M. Engel.

Seule Mlle Berthet fut de beaucoup supérieure à l'interprète de Bruxelles. Elle joua

et chanta en grande artiste le rôle de *Gwendoline*.

Le public et la presse rivalisèrent d'éloges chaleureux, mais ce succès tardif sur
lequel on avait compté pour remonter Chabrier n'eut guère d'influence sur l'état de sa
santé.

A partir de cette époque, Chabrier offrit
le spectacle lamentable d'un homme encore
jeune devenu la proie d'une maladie incurable
qui lui arrachait, heure par heure, sa mer-
veilleuse intelligence.

Il mourut le 13 septembre 1894.

Le jour des obsèques un grand nombre
d'amis vinrent offrir leurs condoléances à la
veuve de Chabrier et à ses deux fils, MM.
Marcel et André Chabrier qui conduisaient
le deuil.

La cérémonie religieuse eut lieu à Notre-
Dame de Lorette et l'inhumation au cime-
tière Montparnasse. Deux discours furent
prononcés, le premier par Armand Sylvestre
au nom du ministre de l'Instruction publique
et des Beaux-Arts et le second par Victorin
Joncières au nom des auteurs et compositeurs
dramatiques. Tous les deux déplorèrent en

termes affectueux la mort prématurée de Chabrier. Victorin Joncières sut mettre à sa vraie place l'auteur d'*España* :

« Dors en paix, cher et tendre ami, ta
« tâche interrompue n'aura pas été sans gloire,
« car si tu n'avais pu encore donner la me-
« sure de ce que tu étais appelé à produire,
« tu as laissé des œuvres dont la sincérité,
« l'originalité, la puissance et l'émotion assu-
« rent à ta mémoire l'admiration qui est dûe
« à l'un des maîtres les plus éminents de la
« musique française. »

Œuvres Posthumes

Conclusion

Après la mort de Chabrier son éditeur et sa veuve s'aperçurent du grand nombre de pages inédites qu'il avait déchirées pendant sa maladie.

M. Enoch réunit en un volume les cinq pièces pour piano composées au même moment que la *Bourrée fantasque.*

Cela fit un recueil intitulé : *Cinq pièces posthumes pour piano* et comprenant: Aubade — Ballade — Caprice — Feuillet d'Album — Ronde champêtre.

On publia à part le délicieux *Lied* (piano

et chant), ajouté depuis au recueil des *Mélodies* et aussi un *Air de Ballet* pour piano, composé longtemps avant les pièces citées plus haut et probablement échappé à la destruction que fit l'auteur de ses premières œuvres jugées par lui avec une sévérité excessive.

Les œuvres posthumes furent publiées au commencement de l'année 1897 et, en même temps, le 31 janvier, Lamoureux donnait intégralement le premier acte de *Briséis*.

On a beaucoup vanté le livret de *Briséis*. Il semblait que Chabrier eût dû enfin se féliciter d'avoir trouvé un livret digne de lui, un drame bien écrit et intéressant, même sans la musique dont il fut revêtu.

Je conviendrai volontiers de la supériorité du livret de *Briséis* sur un grand nombre d'œuvres du même genre, mais il est impossible de ne pas déplorer l'erreur vraiment trop grosse d'avoir cru faire de *Briséis* le poème idéal de Chabrier.

Dans celui de *Gwendoline*, déjà beaucoup trop froid, il y avait cependant un peu de mouvement. Ces Danois au langage élégant, le musicien pouvait encore les animer, leur donner l'aspect farouche que leur avait seulement prêté, sans conviction, le poète.

Avec *Briséis* le même manque de sincérité engendre la même froideur, mais le cas est plus grave, car il s'agit ici d'un drame mystique.

Or, Chabrier est bien l'artiste le moins mystique qui fût jamais.

Capable de s'élever musicalement jusqu'aux plus hautes conceptions, il n'était pas de ceux dont la pensée séjourne longtemps dans les régions où les mystiques aiment à s'attarder.

Il fut toujours respectueux de sa religion. Dans ses lettres il s'exprime à ce sujet avec sa bonhomie et sa tendresse habituelles, quelquefois avec chaleur, mais sans gravité.

Je sais bien que le mysticisme des poètes néo-chrétiens du Parnasse est un mysticisme de fantaisie, mais ceci n'est pas fait pour diminuer la difficulté qu'il y a à le traduire pour un compositeur.

Chabrier peina énormément pour écrire ce premier acte de *Briséis*. Cette fois encore il vint à bout de toutes les difficultés et à force de génie sut vaincre les obstacles semés sur sa route par ceux qui, trop éloignés de lui psychologiquement, ne pouvaient favorablement l'aider.

A la première audition, l'impression du public des concerts Lamoureux fut curieuse. Le chef d'orchestre directeur avait eu l'idée de faire de la première de *Briséis* une sorte de festival Chabrier et fit précéder l'œuvre posthume de morceaux antérieurement célèbres, dont *España*.

Briséis se ressentit énormément du voisinage. Fort heureusement, on vit la froideur du poème qui supporta le côte-à-côte, et la partition de Chabrier fut appréciée comme elle méritait de l'être.

Voici en quelques mots l'analyse de ce premier acte de *Briséis* qu'il faut considérer aussi bien au point de vue de la musique qu'à celui du livret, comme un acte d'exposition.

La scène se passe à Corinthe au temps de l'empereur Adrien. La blonde Briséis s'est fiancée au pêcheur Hylas. Celui-ci dit adieu à la jeune fille car il part afin de conquérir la richesse.

Cependant Thanasto, mère de Briséis, est près de succomber à un mal affreux.

Thanasto est chrétienne et prie Dieu de la guérir pour qu'elle puisse convertir sa fille. Briséis invoque les dieux des païens qui se déclarent impuissants à guérir sa mère, lorsque se présente un catéchiste. Il annonce à Briséis que Thanasto l'a vouée au baptême et qu'elle sera guérie si la fiancée d'Hylas consent, à son tour, à se vouer au Dieu des chrétiens.

Après une scène entre Briséis et Thanasto où celle-ci plaide elle-même la cause du Christ, la jeune fille entonne un chant d'allégresse qui termine l'acte.

Il n'y a ni ouverture ni prélude. Chabrier avait l'intention d'écrire une ouverture lorsqu'il aurait terminé l'opéra entièrement, comme il avait fait pour *Gwendoline.*

La trame symphonique se déroule sur des leitmotiv (thème de l'*amour*, thème de *Briséis,* de *Thanasto, serment,* l'*amour filial, vœu de Thanasto* et enfin le thème de *la Religion nouvelle* qui revient deux fois, à la fin de l'acte, comme pour indiquer qu'il sera le lien entre l'exposition et l'action principale (1).

____

(1) G. Destrange.

Tout est à louer dans la partition de Chabrier, depuis le simple épisode des marins jusqu'à l'invocation superbe de Thanasto:

Jésus, je suis en proie à l'épouvante
qui s'achève au milieu d'un déchaînement orchestral d'une rare beauté.

Le récitatif du catéchiste contraste avec ce qui précède par sa simplicité et sa solennité.

Sans surpasser *Gwendoline*, quoi qu'on ait dit, *Briséis* est, au point de vue technique, une œuvre du plus haut intérêt. Chabrier se possède davantage et ses inventions n'en sont pas moins riches. Sa profusion devient comme ses formes mélodiques, quelque chose de si personnel qu'on ne songe plus à les lui reprocher, encore moins à les discuter. On sent plus que jamais la nécessité d'un livret chaud et sincère qui lui permettrait de se laisser aller au libre exercice de ses exceptionnelles qualités. Il ne manque à *Briséis* que la spontanéité d'*España* pour donner la sensation d'une œuvre de perfection absolue. Elle restera, dans tous les cas, classée à côté des plus intéressantes et des plus fortes.

L'audition chez Lamoureux avait été très bonne.

L'orchestre avait parfaitement traduit la pensée d'un auteur dont il avait toujours été le principal interprète. Mme Chrétien-Vaguet qui devait reprendre à l'Opéra le rôle de Thanasto, s'y était montrée excellente au concert et M. Engel avait chanté le rôle difficile d'Hylas avec son talent habituel. Le reste de l'interprétation était suffisant.

Comme si notre Opéra devait inévitablement arriver en retard lorsqu'il s'agissait d'un compositeur français, *Briséis* fut représentée au Théâtre royal de Berlin le 14 janvier 1899 et le 8 mai suivant à l'Opéra à Paris.

Comme pour *Gwendoline* l'interprétation de l'Opéra manqua d'énergie ; les motifs traduits par l'orchestre avaient plus de relief et plus de force chez Lamoureux.

Les chanteurs ne surpassèrent pas ceux des concerts, à l'exception de Mme Berthet qui, après avoir été *Gwendoline*, voulut créer *Briséis* et remporta dans ce rôle, un second succès.

L'éditeur de *Briséis* en publiant cette dernière partition de son ami réunit un certain nombre d'appréciations sur l'œuvre et le caractère de Chabrier. Quelques-unes sont à retenir.

D'abord celle de M. Vincent d'Indy :

« Rarement le mot si souvent cité de Buffon fut d'une plus juste application qu'en l'œuvre d'E. Chabrier. Le style de Chabrier, c'est Chabrier lui-même, avec sa fougue toute méridionale et si primesautière, avec sa bonhomie presque héroïque, avec sa richesse d'images et ses saillies toujours inattendues, avec surtout son effusion affectueuse, trait primordial de son génie, cause première de l'irrésistible expansion mélodique qui nous subjugue en son œuvre.

« Le poète, à plus forte raison le poète de sons qu'est le musicien, ne peut créer que par le cœur ; en art, le sentiment seul donne la vie.

« Chez ce grand primitif qu'était Emmanuel Chabrier (et ici l'ami qui lui conserve une bien profonde affection peut en faire foi) le cœur était la faculté dominante : c'est pourquoi Chabrier fut un très grand artiste.»

« Vivant, vibrant, exubérant, s'écrie M. Alfred Bruneau, tout plein de virils enthousiasmes et de magnifiques indignations, tel il m'apparaît encore aujourd'hui et tel il fut, en effet, sans relâche ni mesure depuis la première minute du noviciat artistique jusqu'à l'heure lamentable où son esprit, vaincu par l'effort de surhumaine vie dépensé à la création des personnages de *Briséis*, s'arrêta net, sain et fort, supprimant de façon irrémédiable et foudroyante ce don de vie que je trouve prodigieux.... »

De M. Ernest Chausson :

«.... Il se laissa être lui-même dans ses œuvres comme dans sa vie avec sa verve, sa puissante gaieté, sa bonté facile et son besoin d'expansion.... »

De M. Xavier Leroux :

« Emmanuel Chabrier a magistralement prouvé que l'une des qualités distinctives de notre race, la gaieté saine et vigoureuse, peut s'allier avec la perfection de la forme et l'art le plus achevé.

« Sa muse était une belle fille saine et plantureuse qui, quand il lui plaisait, riait à gorge déployée et répandait autour d'elle sa joie exubérante.

« Certes, elle était capable de ressentir et de rendre d'autres sentiments, de se montrer, s'il le fallait, tragique, tendre et douloureuse ; mais elle dédaignait les mélancolies nébuleuses et les fades niaiseries qui ont peu à peu envahi la musique et finiraient par en faire un art veule et incompréhensible. »

Pour compléter ces notes de confrères et d'amis, je citerai encore cet extrait d'un très intéressant article de M. Calvocoressi dans la *Grande Revue*, n° du 10 mai 1907 :

«... En France, Emmanuel Chabrier est un précurseur direct de l'école actuelle, par son écriture harmonique, dont l'audace et la saveur sont typiques autant qu'exceptionnelles. Des pages telles que le prélude du troisième acte du *Roi malgré lui*, ou encore dans

Briséis, la phrase *Dans le tranquille gynécée*, suffisent à en témoigner. »

Le résumé des lignes qui précèdent serait un jugement sur Chabrier pouvant passer pour définitif.

Son génie ne fut pas méconnu des artistes de son temps ; tous ont su distinguer les qualités de sa musique, ses aptitudes à traduire tous les sentiments, sa clarté malgré le jaillissement continu de sa mélodie, cette profusion qui reproduit si fidèlement son caractère expansif, son esprit intarissable dans la conversation et son allure franche.

Pourtant n'y a-t-il pas quelque chose de plus à dire en faveur de l'artiste qu'il a été, de la manière dont il a su user de la simplicité et de la liberté, dont il a travaillé en dehors de toute convention et de toute école·

Il est nécessaire pour le voir sous son véritable aspect de séparer l'auteur de *Gwendoline* d'avec l'auteur d'*España*.

Malgré sa science sûre et son originalité, l'auteur dramatique fut en Chabrier, soumis, nous l'avons vu, à ses insuffisants librettistes. Son œuvre est même un exemple étonnant de la gêne exercée par ces *fournisseurs* sur l'art musical français.

Lorsqu'il disait, dans les dernières années de sa vie : « Je n'aime plus que Wagner et Offenbach », il indiquait ses derniers liens avec la musique dramatique du passé et dissimulait sa lassitude du théâtre.

En dehors du théâtre, en effet, il est complètement à l'aise. Il écrit ce qu'il veut et l'écrit comme il veut. Ce Chabrier-là, l'auteur d'*España* et de la *Bourrée fantasque* mériterait, il me semble, plus d'attention que l'auteur dramatique, car il ne s'agit plus seulement avec ces œuvres de la qualité des procédés que certains auteurs nouveaux s'empressèrent d'appliquer après lui.

Chabrier utilisa Wagner avec une grande habileté, c'est entendu, mais ses points de départs sont aussi différents que possible de ceux de Wagner qui, lui, ne fut en aucune façon un précurseur et ne réalisa que ce que le manque de savoir avait empêché ses prédécesseurs de réaliser. Wagner fut un aboutissement. Chabrier est fait d'imprévu.

Complètement libre il revient de lui-même à ce mépris des règles et des conventions qui caractérise l'art français. Alors il ressemble à Berlioz, le seul musicien qui fut vraiment aussi français que lui.

Les deux natures sont on ne peut plus différentes d'aspect. Ce gros épanoui de Chabrier, jovial et affectueux, est tout l'opposé de Berlioz sec, maigre, triste et amer. Et pourtant il est impossible de n'être pas frappé par cette même façon primesautière de s'enthousiasmer et de traduire spontanément, avec conviction, ses sensations.

Ils se ressemblent quant à la manière de sentir et il aurait été nécessaire à Chabrier de confier, comme le voulait Berlioz, tout ce qu'il avait à exprimer à la musique pure.

Il le fit avec *España*. Il fut avec ce morceau en *fa* un grand primitif comme l'a si justement appelé M. Vincent d'Indy. C'est pourquoi je le trouve là plus intéressant qu'ailleurs.

A son esprit gaulois il joignait une passion de la couleur vive et même du clinquant qui fit de lui un romantique. Mais, comme ses contemporains en littérature, Corbière, Rimbaut, etc., il ne continua le romantisme que pour en renouveler l'art épuisé.

Sans partager le mépris auxquels sont voués à l'heure présente tous les romantiques, Chabrier n'a pas encore sa place parmi les compositeurs d'hier, le gros public ne le connaît pas ou mal. Tout dernièrement la *Marche joyeuse* placée à la fin d'un programme ne suffisait pas à retenir les spectateurs pressés par l'heure et quelques-uns seulement l'écoutèrent debout, distraitement — ceci malgré une interprétation excellente (1).

Il n'en est pas de même chez les professionnels. Là on doit trop à Chabrier pour lui marchander l'admiration, mais on ne le goûte pas sans restrictions.

Rien d'étonnant à cela. Nous entendons aujourd'hui de la musique admirable, mais ses qualités comme ses défauts ne peuvent que l'éloigner, technique à part, du caractère éclatant et spontané de Chabrier.

Celui-ci avait singulièrement pressenti les défauts de la musique d'aujourd'hui (voir les curieuses lettres publiées par M. Brussel dans le *Mercure musical* de février 1909.) Il

---

(1) Orchestre Hasselmans.

sentait que les plus indépendants d'entre les compositeurs contemporains sont plutôt sages qu'indisciplinés et plus souvent prudents qu'audacieux.

Soumis à la littérature autant, sinon plus, que le furent leurs devanciers, leur sensibilité s'accommode mal de la fougue de Chabrier et lorsqu'ils l'accusent de vulgarité c'est une conséquence de leur attachement un peu trop exclusif à un genre différent du sien. Il a su du moins se garder du reproche qui pourrait parfois les atteindre, il n'est jamais ennuyeux.

Cependant quelques-uns d'entre eux qui aiment l'art et savent en goûter les manifestations les plus diverses, comprennent qu'il est maintenant nécessaire de rechercher les vraies sources de la musique française et d'y revenir.

Chabrier ne peut que gagner à cet examen, mais à la condition de ne pas oublier que sa mort prématurée ne lui a pas permis de donner ce qu'il promettait. Son œuvre considérable n'est qu'une indication. Elle suffit pourtant à faire de lui un génie de la musique.

On peut dire de Chabrier qu'il fut un

classique, c'est-à-dire un modèle dans tous les genres qu'il a abordés.

Il fut aussi un précurseur, puisqu'aux procédés dont il sut faire un si parfait usage il sut ajouter des procédés nouveaux et personnels.

Avec *España*, la *Bourrée fantasque* et toute sa musique de piano qui montrent, mieux que son théâtre ce qu'il aurait certainement accompli livré à lui-même, sans le concours d'une collaboration, il apparaît comme un exemple extraordinaire d'indépendance et d'originalité.

Son cœur généreux le poussait à mettre dans son œuvre le meilleur de lui-même.

Que n'a-t-il pu achever cette œuvre et y verser tous ses trésors de gaieté, de bonté et d'enthousiasme!

Bibliographie

Œuvres
d'Emmanuel CHABRIER

Marche des Cipayes *(piano)*
paru en 1860.   Chez MACKART et NOEL

Impromptu pour piano.
1861.   id.

L'Etoile *(partition piano et chant).*
14 Décembre 1877.   ENOCH et Cie

Une éducation manquée *(piano et chant).*
25 Mars 1879.   id.

Dix pièces pittoresques *(piano).*
2 Mars 1881.   id.

Fragment de Gwendoline *(pour orchestre).*
15 Mai 1882.   id.

Credo d'Amour *(piano et chant).*
18 Septembre 1883.   id.

Trois valses romantiques *(2 pianos).*
15 Octobre 1883.   id.

Espana *(orchestre).*
9 Janvier 1884.   id

Espana *(2 pianos)*
22 Janvier 1884.   id.

Espana *(4 mains par André Messager)*
27 Février 1884.   Enoch et Cie

Espana *(réduction à 2 mains par Tavan).*
1er Mars 1884.   id.

Espana *(transcription de concert).*
17 Juin 1884.   id.

Epithalame de Gwendoline.
15 Septembre 1884.   id.

Tes yeux bleus *(piano et chant).*
1er Février 1885.   Album du Gaulois

La Sulamite *(piano et chant).*
15 Mars 1885.   Enoch et Cie

Espana *(piano et chant)*
2 Juin 1885.   id.

Habanera *(piano).*
29 Octobre 1885.   id.

Gwendoline *(partition piano et chant).*
5 Avril 1886.   id.

Chanson pour Jeanne *(piano et chant).*
23 Septembre 1886.   id.

Le Roi malgré lui *(piano et chant).*
17 Mai 1887.   id.

Le Roi malgré lui *(morceaux séparés).*
9 Juin 1887.   id.

Fête polonaise du Roi malgré lui *(2 mains)*
11 Septembre 1887.   Enoch et Cᵉ

Danse slave du Roi malgré lui *(piano).*
31 Octobre 1887.   id.

Habanera *(4 mains).*
29 Mai 1888.   id.

Dix pièces pittoresques *(4 mains).*
7 Juin 1888.   id.

Espana *(2 pianos 8 mains).*
30 Juin 1888.   id.

Habanera *(orchestre).*
29 Novembre 1888.   id.

Vilanelle des petits canards *(piano et chant).*
15 Janvier 1890.   id.

Ballade des gros dindons *(piano et chant).*
16 Janvier 1890.   id.

L'Ile heureuse *(piano et chant).*
18 Janvier 1890.   id.

Les Cigales *(piano et chant).*
31 Janvier 1890.   id.

Habanera *(piano et violon).*
3 Février 1890.   id.

Joyeuse marche *(4 mains).*
13 Février 1890.   id.

Joyeuse marche *(piano seul)*.
20 Février 1890.   Enoch et Cie

Pastorale des Cochons roses *(piano et chant)*.
28 Février 1890.   id.

Toutes les fleurs *(piano et chant)*
2 Avril 1890.   id.

Fête polonaise du **Roi malgré lui** *(2 mains)*.
17 Mai 1890.   id.

Joyeuse marche pour piano *arrangée par* **Adler**.
19 Mai 1890.   id.

A la musique *(piano et chant)*.
27 Février 1891.   id.

A la musique *(orchestre)*.
10 Mars 1891.   id.

Joyeuse marche *(2 pianos 4 mains)*.
14 Mars 1891.   id.

Bourrée fantasque *(piano)*.
17 Septembre 1891.   id.

Fête polonaise du Roi malgré lui *(2 pianos
    8 mains)*.
6 Octobre 1891.   id.

Bourrée Fantasque *(4 mains)*.
24 Novembre 1891.   id.

La Sulamite *(orchestre)*.
9 Mars 1893.   id.

Gwendoline *(piano seul).*
26 Décembre 1893.   Enoch et Cie

Gwendoline *(morceaux séparés).*
12 Février 1894.   id.

Danse slave du Roi malgré lui *(piano seul).*
17 Avril 1894.   id.

Habanera *(piano et harpe).*
14 Janvier 1895.   id.

Briséis *(piano et chant).*
8 Janvier 1897.   id.

Lied *(piano et chant).*
24 Avril 1897.   id.

Suite pastorale *(orchestre).*
27 Avril 1897.   id.

Cinq pièces posthumes pour piano
18 Mai 1897.   id.

Bourrée fantasque *(orchestre).*
18 Octobre 1897.   id.

Trois valses romantiques *(4 mains).*
21 Mars 1899.   id.

Trois valses romantiques *(orchestre).*
7 Mai 1900.   id.

Bourrée fantasque *(2 pianos 4 mains).*
14 Mars 1901.   id.

A la musique *(parties d'orchestre).*
21 Octobre 1902.   Enoch et Cie

Romance de l'Etoile.
10 Novembre 1903.   id.

Recueil de Mélodies.
9 Mars 1904.   id.

TABLE

Achevé d'imprimer

le 22 Février 1910

par Henri Barbot et Cⁱᵉ, imprimeurs

à Bolbec